DIO guarisce

La Parola Eterna,

l'Unico Dio, lo Spirito Libero,

parla per mezzo di Gabriele,

come tramite tutti i profeti di Dio –

Abramo, Giobbe, Mosè, Elia, Isaia,

Gesù di Nazareth,

il Cristo-Dio

DIO guarisce

Gabriele

Edizioni Gabriele
La Parola

Dio guarisce
4a edizione italiana, luglio 2023
© Gabriele-Verlag Das Wort GmbH
Max-Braun-Str. 2, 97828 Marktheidenfeld, Germania
www.gabriele-verlag.com
www.Edizioni-Gabriele.com

Titolo originale tedesco:
"Gott heilt"

Per quanto riguarda il contenuto
fa testo l'edizione in lingua tedesca
Traduzione autorizzata da
© Gabriele-Verlag Das Wort GmbH

Nr. d'ordine S309TBITPOD
ISBN 979-12-80027-30-6

Indice

Guarigione

n questa parola riecheggia tutto quello che l'umanità vi collega e vi ha collegato da sempre.

Guarigione

Quanta nostalgia, quanta speranza fa risuonare nel cuore delle persone la parola guarigione!

Guarigione significa balsamo, conforto e salvezza. Significa pace dove vi è o vi era un fattore di disturbo. La parola "guarigione" indica il processo della guarigione, del guarire, e non l'essere guariti.

Quale persona non ha bisogno di guarigione? Non soffre quasi ognuno di noi di un disturbo di salute più o meno grande, dal quale desidera essere liberato?

Chi ha un cuore in grado di percepire sensazioni vive presagisce che la guarigione, il processo del guarire e infine l'essere guarito hanno qualcosa in comune con un ordine basilare nell'interiore dell'essere umano. La guarigione, nel suo significato più profondo, si riferisce alle sfere dell'anima che sono l'origine dell'essere umano, dove si trova la sua vera vita.

Come possiamo aprirci alla sorgente della forza di guarigione?

La forza centrale nell'interiore dell'essere umano è lo Spirito. Lo Spirito è la forza originaria di tutto l'Essere.

Questo Spirito universale divino è la vita in ogni forma esistente, anche in quelle materiali.

Questo Spirito vivifica l'anima dell'essere umano e ogni cellula del suo corpo. Lo Spirito quindi è la vita, la forza vitale, la forza guaritrice. Se aspiriamo a ottenere la guarigione tramite lo Spirito, dobbiamo "vivificare" la guarigione e tutto quello che riguarda il processo del guarire, conferendo vita ai nostri pensieri e alle nostre parole.

Quante volte le persone dicono: "Devo guarire, sì, voglio guarire!", ma allo stesso tempo nel proprio interiore dubitano che possa realmente avvenire. Pronunciano quindi le parole "guarigione", "guarire" e "vorrei guarire" senza rendersi conto che allo stesso tempo le mettono in dubbio nel proprio interiore con i sentimenti e i pensieri. Alla parola positiva "guarigione" o "guarire" si contrappongono sentimenti e pensieri pessimistici e di dubbio, che ostacolano così le forze positive insite nelle parole "guarigione" oppure "guarire". Così facendo, noi stessi distruggiamo quello che desideriamo. Non vivifichiamo quello che pronunciamo.

Ogni persona ha un'anima e ogni forma di vita è animata da un'unica forza, Dio.

Solo se sviluppiamo in noi la fiducia in Colui che è la salvezza e la guarigione, Dio, vivificando le nostre parole con la stessa fiducia, se facciamo vibrare nelle parole "guarigione" o "guarire" la forza vivificante del nostro mondo di sensazioni, sentimenti e pensieri, conferiremo forza a questa parola, che così agirà nella nostra anima e in ogni cellula del nostro corpo. Solo allora potrà apportare guarigione e sollievo dalle nostre sofferenze.

Dio è Spirito, Dio è energia. Il corpo umano, come tutte le altre forme di vita materiale e di sostanza grossolana, è energia trasformata a un livello inferiore, Spirito raddensato che vive sul rispettivo livello di vibrazione della materia. Tuttavia, lo Spirito, Dio, anima la vita e, di conseguenza, ciascuno di noi.

Se ci apriamo a Dio, lo Spirito, trasformando ed elevando il mondo delle nostre sensazioni e dei nostri pensieri, impegnandoci a pensare in modo nobile, puro e buono e a esprimere quello che ci sentiamo di approvare con le nostre parole, le nostre sensazioni e i pensieri, giungeremo all'origine della vita, lo Spirito. Così facendo, ci apriamo per ricevere la forza che proviene dall'eterna fonte e otteniamo sollievo e guarigione.

Dipende, quindi, unicamente da noi se ci apriamo per ricevere la forza dello Spirito, lasciandola fluire nelle parole "guarigione" e "guarire" tramite le nostre sensazioni e i nostri pensieri. Le nostre sensazioni e i nostri pensieri sono trasformatori della forza divina, che vivifica la parola, facendola agire in modo positivo in noi e intorno a noi.

Se diciamo: "Desidero forza e salute", ma le nostre sensazioni e i nostri pensieri non sono positivi, le parole che pronunciamo non hanno alcuna forza, poiché il trasformatore non è orientato consapevolmente sulla salvezza, sulla forza, su Dio. Le nostre sensazioni e i nostri pensieri non corrispondono alle nostre parole. Di conseguenza, annulliamo automaticamente la forza vitale che desidera vivificare le sensazioni, i pensieri e le parole.

Non aspettiamoci perciò né guarigione né sollievo, se ci limitiamo a pensare o dire "guarigione", mentre il mondo delle nostre sensazioni e dei nostri sentimenti reagisce in tutt'altro modo; infatti i sentimenti, le sensazioni e i pensieri sono i trasformatori della forza.

Possiamo pensare ed esprimere per intere giornate le parole "guarigione" e "salute", ma senza alcun risultato, se non ricolmiamo i pensieri e le parole con la forza vivificante, con le nostre sensazioni, se non li animiamo con i nostri sentimenti e con i nostri pensieri, e quindi non conferiamo forza al nostro desiderio di guarigione. Resteremo malati e continueremo a essere oppressi da preoccupazioni, difficoltà e disgrazie.

L'essere umano è in grado di superare malattie, preoccupazioni e disgrazie se prende coscienza della sua origine, dello Spirito, e se aspira a evolversi spiritualmente, impegnandosi a realizzare le Leggi spirituali divine. La Legge sublime che comprende tutto è l'Amore. Una guarigione profonda e duratura è possibile soltanto attraverso lo Spirito, poiché è nello Spirito che si trovano la forza, tutta la vita e la salvezza.

Mi limito a dare alcuni consigli e indicazioni che possono essere di aiuto per dischiudere la forza di salvezza e di guarigione. Tuttavia, questi consigli non potranno essere esaurienti e completi, dato che le correlazioni esistenti sono molto complesse, con tanti aspetti e tante sfumature diverse, come la vita stessa.

Era dell'atomo – Era dell'Acquario –
Azione delle forze cosmiche –
Il mondo si scardina –
Dove si può trovare sicurezza?

Dovremmo considerare la vita terrena nell'epoca odierna nel suo contesto cosmico.

Ci troviamo davanti a una grande svolta dei tempi. Le forze cosmiche agiscono sulla nostra vita attuale in modo sempre più intenso.

Esse agiscono sia in noi sia sulla Terra attraverso Leggi ferree, che non riusciamo a comprendere in ogni dettaglio. Agiscono anche sull'intero sistema solare, provocando dovunque cambiamenti. Per questo motivo si possono risvegliare malattie e "colpi del destino", che sono ancora latenti nella nostra anima e nel nostro corpo fisico: sono cause poste in vite precedenti. La forza cosmica porta alla luce tutto quello che non è ancora stato espiato.

La Terra ruota intorno al proprio asse nell'alternarsi del giorno e della notte. Secondo ulteriori Leggi cosmiche prestabilite, essa gira intorno al Sole – donatore di vita per la sfera materiale – nell'alternarsi delle stagioni, la primavera, l'estate, l'autunno e l'inverno.

Sempre sulla base di Leggi prestabilite, si susseguono delle epoche che hanno un grande significato spirituale e cosmico. Ogni epoca apporta un grado di spiritualità più elevato, risvegliando l'essere umano a conoscenze spirituali sempre più profonde. Così molti di noi riconoscono che la nostra vera vita è cosmica, ovvero eterna, e che siamo legati al nostro corpo e ancorati al pianeta Terra solo per un breve periodo di tempo, per una breve permanenza.

Il nostro vero ed eterno essere è un figlio, una figlia del cosmo, un figlio dell'eterno Padre. Prima o poi dovremo orientarci su questa forza cosmica, su Dio, poiché siamo figli del cosmo ed eredi dell'eternità.

Viviamo nell'era dell'atomo e, nel contempo, dal punto di vista spirituale, nell'era dell'Acquario, che ci fa progredire e ci stimola all'interiorizzazione e a condurre una vita spirituale.

Sempre più persone non trovano più un senso e tanto meno un sostegno nella vita materiale. La verità eterna spinge sempre più persone a cercare ideali e valori etici più elevati; esse aspirano a entrare nel loro interiore per trovarvi salvezza e vita.

Sempre più persone si ammalano, molti hanno paura e vivono nel timore costante, chiedendosi se verranno colpiti da una malattia che li costringerà a una lunga degenza o se dovranno soffrire a causa delle radiazioni atomiche. Più la paura aumenta nell'essere umano, più è spinto alla ricerca di salvezza e protezione, di speranza e fiducia.

In quest'epoca segnata da sconvolgimenti, in cui le persone non sanno più come proteggersi dalle radiazioni atomiche, da malattie ed epidemie, e si chiedono quali alimenti siano ancora buoni e quali già inquinati, molti iniziano a cercare la salvezza nel proprio interiore.

Lo Spirito eterno, Colui che dona salvezza e vita, Dio, l'Amore, non abbandona mai gli esseri umani. Quanto più grande è la sofferenza delle persone, tanto più lo Spirito agisce con potenza in questo mondo. Egli istruisce i Suoi figli e dona loro sollievo e guarigione.

Tuttavia, per ottenere tutto questo, è necessario che la persona affermi lo Spirito, la Vita, Dio, e Lo riconosca come la Fonte di forza dentro di sé. Questo è il primo passo verso la salvezza interiore. Il secondo passo consiste nell'impegno a riconciliarsi con il prossimo e a purificare le proprie sensazioni e i pensieri. La persona inizia così ad amare i suoi simili, che soffrono come lei, e ad avere maggiore comprensione per il prossimo; avvicinandosi al prossimo, si avvicina a Dio, il Medico e Guaritore interiore in Cristo, nostro Redentore.

Infatti, lo Spirito in noi desidera essere la nostra Via, il nostro Medico e Guaritore. È Lui che ci guida verso le vette cosmiche, verso l'eterna primavera della beatitudine, se siamo di buona volontà e riusciamo ad aprirci a Lui, alla Sua forza, alla Sua energia guaritrice. Soltanto lo Spirito è la Via che porta crescita interiore, salvezza e salute.

Il mondo è sottoposto a un continuo cambiamento. Nei prossimi tempi sull'umanità si abbatterà un cambiamento di dimensioni inimmaginabili, molto più vasto e profondo di quanto possiamo ora immaginare. Le radiazioni atomiche aumenteranno e la nostra vita sulla Terra sarà sempre più in pericolo. Prima o poi dovremo riconoscere che tutto quello che l'umanità ha ideato e creato si allontana sempre di più dall'ordine preesistente. Dobbiamo riconoscere che anche la natura, le erbe, i frutti e le verdure soffrono per le cause che l'umanità ha posto sfruttandole, e diventano sempre meno commestibili.

A chi dovrebbe rivolgersi l'essere umano quando sofferenza, afflizione e dolore si abbattono su di lui, quando malattie ed epidemie segneranno il suo corpo? Dove si possono trovare persone che portano sollievo e guarigione? Forse tra coloro che oggi tengono ancora grandi discorsi, che tendono a tranquillizzare le masse e persistono a seguire la rotta che hanno imboccato, nonostante tutti i segni evidenti che indicano come la vita sulla Terra sia in pericolo? Attualmente ricoprono ruoli di dirigenza, ma con l'aumentare delle sofferenze tra gli uomini e il dilagare di malattie ed epidemie, dovranno anche loro ammutolire e rivolgersi infine a Colui che è la Vita ed è al di sopra delle cose terrene, delle malattie, delle difficoltà e preoccupazioni. È il Medico e Guaritore Interiore, lo Spirito, Dio, il Salvatore della nostra anima e il Guaritore del nostro corpo.

Con il passare del tempo e l'aumentare della minaccia atomica, alcuni riconosceranno l'era dell'Acquario, nella quale lo Spirito si rivela possentemente. Chi invece non si sarà ancora risvegliato, chi sarà ancora ignaro e inconsapevole, si lamenterà e si affliggerà sempre di più, aggrappandosi a quanto ha avuto validità fino ad oggi. Il mondo crollerà anche per chi non si è ancora risvegliato, poiché tutto quello che per lui rappresenta ancora una sicurezza vacilla e si scardina. Gli viene tolto l'ultimo sostegno e viene privato del suo pizzico di felicità. Vagando in queste condizioni si chiede: dove posso trovare un sostegno nella mia vita, dove posso rifugiarmi?

Nulla va perduto –
Raccogliamo quello che seminiamo

Chi invece si è risvegliato sa dove cercare e trovare il sostegno indistruttibile, la vera vita. Sa che la morte del corpo non è la fine, ma è invece soltanto la porta che conduce l'anima verso la sua prossima esistenza. L'anima continua a vivere con tutti i suoi lati luminosi e oscuri, assimilati in veste terrena nel corpo umano.

Nulla va perduto. Ognuno raccoglierà quello che ha seminato, a meno che non si impegni seriamente ad analizzare e a riconoscere se stesso, per arrivare a comprendere subito il suo modo di agire errato. Così facendo riconosce le mancanze commesse contro la Legge divina e si impegna, quindi, a sistemarle subito. Questo significa vivere la vita in modo consapevole.

Chi sa che tutto è energia e che nessuna energia va perduta si rende anche conto che tutto quello che io, come essere umano, trasmetto sotto forma di energia, di sensazioni, pensieri, parole e opere – siano buone o cattive – o anche paura, odio, invidia, inimicizia e rivalità, ricade su di me, penetra nella mia anima e si riflette sul mio corpo secondo il mio modo di pensare e agire. Infatti, tutto quello che come essere umano ho seminato si manifesta nel corpo e sul corpo, in questa o in una prossima vita terrena o nelle sfere di purificazione.

Chi comprende che nulla va perduto né distrutto, inizia a "esaminare a fondo se stesso", ad analizzare se stesso. Comincia a seguire le eterne Leggi divine e si orienta di nuovo sulla sua Patria interiore.

Attraverso l'autoconoscenza e la purificazione della propria anima, giunge alla conoscenza di Dio e si sente protetto in Cristo. Non ha nulla da temere, perché non riceve la sua sicurezza dall'esteriore. Sa che la gioia e il dolore non provengono dall'interiore, dallo Spirito eterno, ma che lui stesso ha creato queste energie, che "sovrastano" l'azione dello Spirito e si manifestiano nel corpo e sul corpo come energia che è anche suono.

Quello che una persona deve subire – gioia o dolore, pace, armonia o malattia, disgrazie, solitudine e afflizioni – lo ha acquisito o se ne è caricata lei stessa con i suoi pensieri e le sue azioni, a seconda che siano positivi o negativi.

Noi stessi, quindi, siamo gli artefici della nostra vita.

*Come attivare le forze interiori –
Come pregare in modo efficace –
Il silenzio e il tacere*

L'essere umano si trova nella scuola di vita e la Terra è il luogo in cui può imparare e dare prova di se stesso. Dovremmo riconoscere questa opportunità e impegnarci per purificare la nostra anima, che è un bene cosmico, orientandoci fin da ora, in veste umana, sulla vera meta della vita, e attivando le forze interiori, le forze divine che sono anche le forze di guarigione, per farle agire più intensamente.

Per rinascere nello Spirito, per risanare e ottenere la guarigione tramite lo Spirito, dobbiamo lavorare su noi stessi. Dobbiamo attenerci alle Leggi della vita per risvegliare in noi la fonte che può dissetare ogni cellula del nostro corpo.

Tutto si trova nel nostro interiore: la guarigione universale è lo Spirito, che dimora nel profondo della nostra anima. Lo Spirito è la forza che guarisce l'anima e l'essere umano. Questa forza interiore, che è la forza vitale e di guarigione nella nostra anima e nel nostro corpo, può essere attivata anche con la preghiera e la meditazione, attraverso gradi più elevati del silenzio e del tacere.

Pregare significa comunque mettere in pratica nella mia vita le preghiere e quello che chiedo di ricevere. Se prego per la guarigione, dovrei immettere pensieri di guarigione nel mio interiore e non parlare più di malattie. Se prego per la pace, dovrei perdonare il prossimo e chiedergli perdono. I pensieri altruistici e positivi che invio al prossimo, vedendo in lui i lati positivi, apportano pace in me. Se comincio ad amare il prossimo senza criticare i suoi errori e le sue debolezze, il mio amore e la mia preghiera aprono il mio cuore.

Pregare in modo giusto significa sempre vivere in modo giusto.

Solo se le mie sensazioni e i miei pensieri sono nobili, se vedo anche il bene nel prossimo, se compio del bene e agisco altruisticamente, potrò raggiungere i livelli più elevati del silenzio e del tacere. Allora in me si farà silenzio. I miei sentimenti e i miei pensieri negativi tacciono sempre più. Dirò solo quello che è essenziale, buono e utile. Questo è il silenzio e il tacere in gradi più elevati. Non significa per forza che tutti i pensieri tacciano, che vi sia silenzio assoluto nei pensieri. Si tratta piuttosto di avere in noi pensieri altruistici, nobili e ricolmi di Dio. Anche questo è silenzio, anche questo è tacere.

Solo quando in noi si sarà fatto silenzio, ci distaccheremo sempre più dai nostri pensieri negativi e dalle nostre basse tendenze. Lo Spirito onnipotente, la forza guaritrice e vitale interiore, inizia ad agire con più forza in noi. Otteniamo la guarigione dall'interiore e risaniamo. Aspirare a questo tipo di guarigione significa cambiare il modo di pensare, significa orientarsi in modo nuovo.

Ogni pensiero
tende a realizzarsi

La vita è vibrazione. Questa verità basilare è universale. Nella vita umana esiste un tipo di vibrazione che determina in modo fondamentale il nostro benessere o il nostro malessere: i nostri pensieri.

I pensieri sono forze incommensurabili.

Quello che pensiamo diventa realtà, a meno che non riusciamo a riconoscere in tempo i nostri pensieri e a rimetterli alla luce interiore, chiedendo perdono e pregando perché vengano trasformati. Così facendo ci liberiamo dai pensieri negativi che abbiamo formulato in quel momento, da quello che abbiamo inviato nell'etere e che sarebbe certamente ricaduto su di noi.

I pensieri sono come semi: mettono radici, crescono e portano frutti secondo la loro specie, secondo il nostro modo di pensare, parlare e agire.

Se vogliamo avere una vita felice, se desideriamo raccogliere salute, armonia, pace, amore e gioia, dobbiamo iniziare a porre già prima semi di questo tipo nei nostri pensieri e nelle nostre azioni.

Per ottenere la guarigione interiore dobbiamo comprendere che tutti i pensieri tendono a realizzarsi, sia quelli positivi sia quelli negativi. Quanto più spesso ripetiamo lo stesso pensiero, tanto più aumentano la sua forza e il suo effetto sulla nostra anima e sul nostro corpo.

Se, per esempio, orientiamo tutte le nostre aspirazioni e il nostro volere su un determinato pensiero, il minimo impulso lo scaraventerà dal regno dei pensieri – che spesso è il regno dell'inconscio – nel regno del conscio, della realtà, ed esso ci sottometterà, tormentandoci.

Se ci osserviamo, ci accorgiamo che finché rimaniamo schiavi dei nostri pensieri negativi non saremo padroni della nostra vita.

Dobbiamo dunque riconoscere che ogni malattia, ogni indisposizione e ogni disgrazia non sono altro che il risultato delle nostre sensazioni, dei nostri pensieri e delle nostre azioni. Noi stessi creiamo con i nostri pensieri le forze positive che fanno sbocciare e guarire la nostra anima, e apportano pace e salute al nostro corpo. Noi stessi creiamo i campi energetici negativi che a loro volta ci influenzano, incolpando la nostra anima e creando altri impulsi negativi nei nostri pensieri, attirando cioè dal regno dei pensieri le stesse o simili cose. Quello che attiriamo e tratteniamo, continuando a ripetere i nostri pensieri, rimane vicino a noi e agisce tanto più intensamente in noi quanto più spesso pensiamo le stesse o simili cose.

Se nella nostra anima c'è anche solo una traccia di dolore o preoccupazione, questa può rinforzarsi con un impulso proveniente dall'esterno e ingigantirsi fino a diventare un complesso enorme. Iniziamo a pensare qualcosa, ma non controlliamo i nostri pensieri. Lasciamo che si ripresentino, aggiungendo continuamente altri pensieri simili o uguali. Così facendo potenziamo la forza negativa che agisce in modo corrispondente nel nostro corpo: le conseguenze possono essere colpi del destino, sofferenze, difficoltà e malattie.

*I pensieri positivi elevano l'anima
e il corpo verso un campo di vibrazione
più elevato – Controllare i pensieri
significa controllare la propria vita*

Avere il controllo dei propri pensieri significa pertanto avere in mano la propria vita; detto in altre parole: pensare nel modo giusto significa vivere in modo giusto! Chi non fa attenzione ai propri pensieri e non ha il controllo su se stesso viene influenzato anche dal potere suggestivo del mondo circostante; infatti, i pensieri e le idee nascono sempre anche sotto l'influsso esercitato dal nostro prossimo. Finché non avremo imparato a schermarci almeno dai nostri stessi pensieri, i pensieri e le idee degli altri potranno penetrare nella nostra coscienza per cercare di manovrarci. Sono proprio questi pensieri che, soprattutto se lasciamo loro spazio in noi, diventano attivi, provocando malattie sia a livello dell'anima, sia nel corpo.

Dobbiamo riuscire a riconoscere che tutti i nostri sentimenti e i nostri pensieri mettono in moto una serie di processi nel cervello, che si ripercuotono in seguito su tutte le cellule e gli organi. Ogni singola cellula ha una propria coscienza. Per esempio, possiamo risvegliarla inviandole onde di pensieri di salute, stimolando così in modo positivo il suo funzionamento. Come ogni cellula ha una propria coscienza, anche i nervi hanno una coscienza e così anche gli organi interni hanno una loro coscienza, come pure le ghiandole e gli ormoni. Con i nostri pensieri possiamo influenzare tutto il nostro corpo. Quanto più positivi sono le nostre sensazioni e i nostri pensieri, tanto più puri sono la nostra anima e anche il nostro corpo. In questo modo entriamo in un campo di vibrazione più elevato, grazie al quale ci è più facile circondarci di pensieri più elevati e positivi.

Nulla viene da sé. Dobbiamo impegnarci per fare della nostra vita quello che è giusto, trasformandola per renderla ricca di Sapienza e forza. Questo significa vivere in modo consapevole! Di conseguenza, le energie elevate trasformeranno quelle che si trovano a un livello inferiore e quanto in genere portiamo inconsciamente dentro di noi, e in questo modo vivremo appagati. Vivremo consapevolmente ogni giorno, ogni ora e ogni minuto, e questa esperienza ci rende felici, perché raccogliamo forze positive in noi, forze che arricchiscono la nostra vita, rendendola quindi conforme alla Volontà di Dio.

*Come possiamo allontanare
i pensieri negativi dalla nostra coscienza?
Sostegni di coscienza*

Nonostante i nostri sforzi, è possibile che continuiamo a essere tormentati dagli stessi pensieri negativi, da quello che non siamo ancora riusciti ad allontanare dalla nostra coscienza e si ripresenta in continuazione. In questo caso dovremmo chiederci se in noi nutriamo ancora pensieri di inimicizia e se abbiamo chiesto perdono al prossimo. Se l'abbiamo fatto, dovremmo esaminarci ulteriormente, chiedendoci se questo è avvenuto con l'intenzione sincera di lasciare alle nostre spalle tutto l'accaduto o se tratteniamo ancora qualcosa. Può darsi che vogliamo ancora raggiungere qualcosa? Oppure siamo ancora un po' invidiosi del nostro prossimo? Forse vogliamo ottenere ancora qualcosa per forza o che gli altri ci compatiscano, perché vogliamo fare la parte della vittima o di chi è stato svantaggiato?

Se, a causa del nostro egoismo, abbiamo trattenuto ancora una traccia di un pensiero negativo, questo ci assillerà. Più ci pensiamo, più creiamo un nuovo campo energetico che ci influenzerà sempre di più. A questo punto dovremo ammettere a noi stessi che la richiesta di perdono o l'avere apparentemente perdonato, non ha avuto alcun effetto. Questo tuttavia dipende da noi, poiché non abbiamo lasciato veramente tutto dietro di noi; abbiamo invece trattenuto tracce di pensieri negativi con cui, in fondo, volevamo solo rivalutare noi stessi. Con i nostri pensieri abbiamo rafforzato queste tracce che hanno formato un nuovo complesso, il quale ora agisce su di noi come prima.

Se però desideriamo purificare la piccola traccia rimasta e liberarcene completamente, potremo aiutarci con un sostegno di coscienza, come per esempio: "Tutto mi è possibile tramite la forza del Cristo in me".

Ripetendo questo sostegno di coscienza più volte al giorno, anche al momento di coricarci per andare a dormire, e al risveglio, prima di alzarci, eleviamo il campo di vibrazione sia della nostra anima sia del nostro corpo, distanziandoci sempre più dai pensieri, dalla traccia che cercava di condizionarci.

Dovremmo pronunciare questo sostegno di coscienza: "Tutto mi è possibile tramite la forza del Cristo in me" con sentimenti di determinazione, calma e fiducia. Così facendo, in base alla nostra dedizione allo Spirito del Cristo, riceveremo la forza di cui abbiamo bisogno per superare quello che dobbiamo ancora affrontare.

I nostri pensieri positivi
dischiudono la fonte della forza in noi

Quello che ci immaginiamo agisce direttamente sul nostro corpo. Per esempio, se pensiamo: "Sono stanco", i nervi e i muscoli lo registrano e trasformano l'impulso in stanchezza tangibile. Se pensiamo: "Sono malato", i nostri organi deboli e le rispondenze della nostra anima lo registrano. Di conseguenza siamo noi stessi a trasformare questi pensieri in malattia. Dobbiamo stare sempre all'erta e impegnarci a contrapporre pensieri positivi, pensieri di fiducia e coraggio, ai nostri pensieri negativi. In questo modo lo Spirito eterno prenderà vita in noi. Riceveremo sempre più energie spirituali e fisiche. Se il nostro animo umano è desto, orientato in modo positivo e concentrato intensamente su quello che fa, resteremo attivi a lungo.

Dio è la Fonte di ogni forza, della forza dell'atomo, della forza dell'elettricità, della forza della nostra anima e del nostro corpo. Tutta la forza proviene dall'interiore, dal nostro Creatore, Dio, lo Spirito onnipresente. Egli vivifica chi è stanco, dà forza a chi è ammalato e guarisce le sue sofferenze, in base alla nostra dedizione e al nostro modo di pensare e di vivere.

Tutto quello che è buono, puro e nobile, tutte le forze positive provengono dal profondo della nostra anima, dal nucleo centrale incorruttibile, da Dio.

Se viviamo con il Divino, se viviamo in armonia con tutte le energie, la nostra forza creatrice rimane attiva, aumenta e addirittura si intensifica. Al contrario, se interrompiamo il contatto pensando e reagendo in modo umano, seminando odio, invidia e discordia e alimentando pensieri di gelosia, la nostra energia sia spirituale che fisica diminuisce.

Un apparecchio elettrico funziona fintanto che rimane collegato a un circuito elettrico; se questo viene interrotto, l'apparecchio si spegne.

Lo stesso avviene nell'essere umano. Se continuiamo ad agire contro le Leggi universali, contro la forza della vita, ovvero se non poniamo consapevolmente la nostra vita sotto la guida dello Spirito e non viviamo in modo disciplinato, le forze spirituali nell'anima e anche nel corpo fisico diminuiscono. Poiché l'energia diminuisce, gli organi si indeboliscono sempre di più, predisponendosi per le malattie. Questo significa che le energie dell'essere umano si riducono e la vibrazione si abbassa. Egli giunge così in zone di pericolo, in cui assorbe virus e batteri nocivi in base al suo livello di vibrazione.

Se il nostro animo umano è stato purificato da sensazioni e pensieri negativi, lavoriamo meglio e disponiamo di forze ben maggiori di chi, invece, è oppresso da pensieri meschini e pessimistici.

A questo riguardo vale la pena provare il seguente esperimento: nel corso delle prossime 24 ore pensiamo e parliamo in modo positivo e fiducioso di ogni cosa: del nostro lavoro, della nostra salute e del nostro futuro. All'inizio non sarà facile, specialmente se ci siamo sempre fissati su sensazioni, pensieri e parole negativi. Dobbiamo sradicarli con forza, anche se ci richiede un energico sforzo di volontà. Le forze positive verso cui ci rivolgiamo accorrono subito in nostro aiuto. Solo in questo modo otteniamo la pace e possiamo ricevere sempre di più dalla sacra corrente, da Dio.

La Fonte originaria di energia dispensa incessantemente forza positiva ed edificante. Alimenta tutti gli esseri umani, tutte le cose, tutte le forme di vita.

Molte persone, tuttavia, abusano di queste forze positive. Con le loro sensazioni, i pensieri e le azioni contrari alla Legge, trasformano queste forze a una vibrazione, ovvero a un livello, inferiore. Dio permette che questo avvenga, poiché dobbiamo giungere di nuovo alla Volontà divina, all'energia primordiale pura e divina, riconoscendo la nostra volontà personale e le nostre azioni umane.

Se, invece, ci apriamo per ricevere dalla corrente eterna, Dio, richiamando le forze positive in sensazioni, pensieri, e anche in parole e azioni, esse entreranno in noi e si metteranno al servizio della nostra anima e del nostro corpo.

Se desideriamo guarire e stimolare il nostro corpo per la guarigione tramite lo Spirito, dobbiamo riconoscere queste Leggi della vita: le forze negative a bassa vibrazione sono un fattore di disturbo per l'anima e il corpo. Le forze positive, le forze divine pure, rinforzano l'anima e il corpo, stimolando la guarigione che così può avvenire dall'interiore verso l'esterno, tramite la forza divina insita in noi.

Questo significa che, per prima cosa, dobbiamo aprirci alle forze positive, superando le nostre energie negative, le nostre sensazioni, i pensieri e le parole umani, contrapponendovi pensieri, parole e azioni positivi, affermativi ed edificanti. In questo modo diventeremo recipienti per la forza positiva, che è anche forza vitale e guaritrice.

Prima di risvegliare le forze interiori, dobbiamo eliminare il nostro modo di pensare negativo, ogni pensiero legato al ricordo di una malattia. Questo è necessario in quanto i pensieri possono provocare nuove malattie oppure trattenere le malattie nel corpo.

Lo stesso vale per qualsiasi altra difficoltà, e anche per ogni problema, per ogni disturbo, per ogni disgrazia. Parlando di quello che ci opprime al momento, lo tratteniamo e addirittura lo ingrandiamo.

I pensieri sono forze. Più spesso ripetiamo lo stesso pensiero, tanto più grande sarà il potere che questo pensiero o questo complesso di pensieri eserciterà su di noi.

Per quanto possa essere difficile per noi, quando abbiamo dei dolori dovremmo riuscire a riconoscere che, con la forza dei pensieri positivi, possiamo neutralizzare molte cose e prepararci a ricevere le forze guaritrici. Dovremmo trovare il coraggio di considerare le nostre sofferenze, malattie, difficoltà e problemi come una conseguenza di processi basati su Leggi precise. Dovremmo avere il coraggio di porre fiducia nella potenza e nella forza dello Spirito, che è in grado di compiere ogni cosa; in questo modo faremo l'esperienza dell'esistenza della forza di Dio che lenisce e guarisce, che ci assiste e ci guida.

*Come prepararsi per la
corrente delle forze di guarigione*

Per essere in grado di accogliere in noi l'operato cosmico, le forze vitali e guaritrici, dovremmo diventare consapevoli che in noi c'è l'essenza dell'Infinito. In noi agisce una potenza indescrivibile, per noi incomprensibile: si tratta della potenza centrale dell'Amore, la forza di Dio e la salvezza di Dio.

Siamo deboli, umani e privi di forza solo se affermiamo la nostra debolezza, la nostra mancanza di forza, la nostra esistenza umana. Se invece abbiamo fiducia nella massima potenza in noi, nella pienezza dell'Infinito, se con i nostri pensieri, con le nostre parole e azioni affermiamo la figliolanza di Dio e la Coscienza Padre-Madre in noi, la massima energia dell'Amore, e ci comportiamo di conseguenza, diventeremo pieni di forza e potenza. Quello che segna il nostro corpo, le nostre difficoltà momentanee, scomparirà poco alla volta. Al posto della malattia subentierà la salute; le difficoltà e i problemi lasceranno spazio alla libertà; l'egoismo all'altruismo, l'amore per se stessi all'amore divino.

Dovremmo nutrire un profondo rispetto per questa massima potenza in noi. Il rispetto si esprime anche esternamente nel portamento del nostro corpo. Un portamento eretto è indice di uno spirito retto. Dovremmo impegnarci anche esteriormente per facilitare e accelerare lo sviluppo interiore, ma non per rappresentare nell'esteriore qualcosa che non esiste nell'interiore.

Per aprirci all'azione delle forze cosmiche, alle forze vitali e di guarigione, scegliamo una posizione del corpo che permetta alle forze di Dio di affluire in noi possibilmente senza ostacoli. A questo scopo, ci sediamo con il busto ben diritto oppure ci mettiamo distesi supini. Poi ci prepariamo mentalmente inviando onde di pensieri, come: "In me c'è salute", "In me c'è la pienezza divina", "Io sono coscienza cosmica". Così facendo ci immergiamo in una corrente di fiducia che, a sua volta, ci aiuta a orientare tutto il nostro essere umano in modo positivo, affinché possa aprirsi alle forze vitali.

Se vogliamo risvegliare soltanto la coscienza di un organo, per esempio quella del fegato che funziona male, possiamo rinforzare l'azione delle vibrazioni dei nostri pensieri positivi ponendo la mano destra sulla zona del fegato.

Questo per il seguente motivo: ogni essere umano è un campo energetico che assorbe ed emette energia. Dalle rivelazioni sappiamo che la mano sinistra riceve le energie cosmiche, come un'antenna che riceve e trasmette. Anche la mano destra riceve le energie, ma soprattutto le ritrasmette. Se, dunque, poniamo sul punto prescelto del corpo il palmo della mano destra, che trasmette più intensamente le energie, e usiamo la mano sinistra come un'antenna, orientandola verso il cosmo, l'energia cosmica scorrerà in noi molto più intensamente. In questo modo la forza del Cristo che agisce in noi favorisce il processo di miglioramento e guarigione, in particolare nell'anima.

Per prepararci alla guarigione vera e propria tramite le forze vitali cosmiche, richiamiamo quindi la coscienza del nostro fegato – ponendo come aiuto la mano destra sull'organo nel modo descritto – più o meno con le seguenti parole: "Fegato mio, risvegliati dal torpore ed esegui fedelmente il compito che ti è stato affidato! Metti a disposizione una quantità sufficiente di bile e adempi il compito che l'Onnipotente ti ha affidato: disintossica il corpo affinché possa svolgere le sue funzioni!"

Possiamo rivolgerci al nostro stomaco dicendo: "Coscienza della digestione, risvegliati e adempi i compiti che ti sono stati affidati. Sei un organo importante e negli ultimi tempi hai trascurato i tuoi compiti. D'ora in poi sii affidabile, fai il tuo dovere. Affermo anche in te le forze positive che governano su tutto e sono certo che svolgerai con gioia il compito che il Creatore, Dio, ti ha affidato per contribuire a mantenere sano tutto il corpo".

Se sappiamo e crediamo che tutto è energia, che ogni cellula possiede in sé la forza spirituale e che tutto ciò che vive vive per mezzo di Dio e tramite Dio – grazie all'energia primordiale di Dio – ci è anche possibile caricare le energie con forze positive. In questo modo riusciamo anche a rinforzare le energie in ogni cellula del nostro organismo e in particolare della nostra anima, affinché diventino più attive e, nel caso in cui vi siano contrarietà come malattie o indisposizioni, agiscano su di esse per trasformarle in modo positivo.

La stessa cosa può però avvenire anche in senso negativo. Con pensieri di basso livello, affermando la presenza di malattie, disgrazie, pene, mancanza di fiducia o altre cose simili, possiamo trasformare a un livello inferiore le forze positive insite in noi al punto da indebolire sempre più il nostro corpo. Dal punto di vista spirituale, questo comporta che il nucleo centrale della nostra anima, il potenziale energetico attraverso cui affluiscono in noi le forze divine, riduce la propria attività e riesce ad attirare sempre meno forza spirituale. Ne consegue che l'anima riceve sempre meno energia vitale e ancora meno il corpo fisico. Gli organi indeboliti possono così essere colpiti da malattie, perché manca loro la forza vitale, l'energia divina.

Con pensieri e parole positivi e di incoraggiamento possiamo dunque stimolare l'attività della coscienza di un organo, preparandolo a ricevere la forza interiore vitale e di guarigione. La durata della preparazione dipende dalla gravità delle colpe che pesano sulla nostra anima e dalla misura in cui il mondo dei nostri sentimenti e sensazioni è in armonia, ovvero in sintonia, con i nostri pensieri e parole positivi. Se un organo è già molto indebolito, in un primo momento esiterà ad assorbire le forze positive, le forze vitali e guaritrici. Non dovremmo però dubitare e scoraggiarci se non otteniamo subito un risultato.

Dopo aver irradiato, vale a dire preparato, l'organo per circa cinque o dieci minuti, dovremmo affermare anche che si è risvegliato, per esempio rivolgendoci alla coscienza del fegato con le seguenti parole:

"Ora ti sei risvegliato dal torpore. Ti ringrazio perché ti sei preparato a ricevere le onde di guarigione".

Potremmo rivolgerci allo stomaco con vibrazioni di lode, come per esempio:

"Ora sei desta, coscienza del mio stomaco; ho fiducia in te. Ora funzioni di nuovo attivamente. Lo stomaco produrrà correttamente i succhi gastrici, l'intestino funzionerà di nuovo bene, la digestione e l'assunzione del nutrimento si svolgeranno in modo perfetto. Ringrazio la coscienza di questo organo".

L'organo non comprende le nostre parole, ma la struttura delle cellule assorbe le vibrazioni positive che abbiamo inviato e le avvolgono.

Possiamo procedere in questo modo con ogni organo, poiché tutto è energia, tutto è vita. Con sentimenti, sensazioni, pensieri e parole positivi possiamo risvegliare e rinforzare l'attività di tutto quello che vive. Dunque risvegliamo per primo l'organo dal suo torpore e in seguito lo ringraziamo per essersi risvegliato e preparato a ricevere i raggi di guarigione dello Spirito.

Dopo aver risvegliato la coscienza dell'organo in questo modo positivo e concentrato, chiediamo al Medico e Guaritore interiore di far fluire più intensamente le forze di guarigione. Ora ci apriamo totalmente a ricevere le forze dello Spirito del Cristo, lasciando scorrere le onde di guarigione nella nostra anima e anche nel nostro corpo, con fiducia e in silenzio, senza lasciare entrare in noi né una sensazione né un pensiero.

Quando ci rivolgiamo agli organi nel modo appena descritto, dobbiamo sempre tenere presente che i pensieri e le parole di preparazione non sono rivolti all'organo materiale, ma alla coscienza dell'organo, allo Spirito che agisce in ogni cellula e guida il suo funzionamento. Le parole che esprimiamo ripetutamente vanno pronunciate in modo chiaro e forte. Questo presuppone una profonda fiducia nell'Eterno, in modo che le nostre sensazioni corrispondano ai pensieri e alle parole. Dovremmo essere totalmente pervasi da quello che pensiamo e diciamo. Questa è fede e fiducia in Dio, la forza di guarigione in noi.

E quando ringraziamo il corpo e l'organo, dovremmo sapere che il ringraziamento non è rivolto direttamente all'organo, al corpo, ma anche in questo caso allo Spirito che agisce in ogni cellula, in ogni organo, in tutto l'organismo e che è la vera vita, la vita dell'anima e del corpo.

Non dovremmo pensare che sia superfluo ripetere sensazioni, parole e pensieri positivi, perché la coscienza delle cellule ne comprende il richiamo. Dobbiamo riconoscere che non sono i pensieri come tali ad agire, ma le vibrazioni che si trovano nei pensieri, nelle parole, l'affermazione della fede e della fiducia che esprimiamo con i nostri pensieri e le nostre parole.

Se chi desidera la guarigione esprime le parole senza esserne convinto e dubitando nel proprio interiore, la coscienza delle cellule e tutto il sistema cellulare assorbiranno solo le vibrazioni del dubbio, cioè quello che vibra dietro le parole, vale a dire i nostri sentimenti e le nostre sensazioni: fiducia e speranza oppure dubbio e sfiducia. Con il dubbio e la sfiducia non otteniamo la guarigione ma, al contrario, possiamo predisporre maggiormente il corpo alla malattia; con le vibrazioni del dubbio possiamo portarlo in un campo di vibrazione più basso in cui può essere colpito dai germi patogeni che vibrano alla stessa frequenza.

È necessario sottolineare ripetutamente che i pensieri sono forze molto potenti. Poche persone sono consapevoli di quale immenso potere esercitino sull'uomo i pensieri concentrati. Sia i pensieri positivi sia quelli negativi esercitano tanta più influenza su di noi, quanto più coltiviamo gli stessi o simili pensieri. In questo modo creiamo un enorme complesso di pensieri che rimane intorno a noi come un satellite. È sufficiente poi formulare un solo pensiero con la stessa vibrazione del complesso, perché questo riprenda a operare più intensamente e a influenzarci. Quindi, noi siamo quello che pensiamo e la nostra anima e il nostro corpo ne vengono segnati.

I pensieri negativi si trovano nell'atmosfera e intorno a noi sotto forma di complessi. Tutte le negatività che abbiamo proiettato nell'etere si trovano anche in noi sotto forma di rispondenza. Di conseguenza, per esempio, attraverso un pensiero che ci raggiunge dall'esterno si può

instaurare una comunicazione tra le nostre rispondenze e il campo dei pensieri in cui vibrano
pensieri uguali o simili. Pertanto dobbiamo stare all'erta e vivere in un costante autocontrollo:
quali sono le mie sensazioni, i miei pensieri e le
mie parole? Tutto questo ricadrà su di me.

Possiamo impiegare le forze positive di vita
e di guarigione anche in famiglia. Possiamo
trasmettere al prossimo e a un nostro familiare
onde di pensieri positivi e, tramite l'anima, preparare il corpo a ricevere le onde di guarigione
dello Spirito. Se il nostro prossimo è aperto e si
sintonizza, le forze positive agiranno più veloce-
mente in lui, dato che è disposto ad accogliere
le forze che gli vengono inviate con i pensieri o
con le parole.

Il Cristo, il Medico e Guaritore Interiore della nostra anima

La forza spirituale, la forza guaritrice che chiediamo nel modo descritto, è il Medico e Guaritore Interiore. È la forza del Cristo che agisce in noi, che ha la facoltà di dispiegarsi nel nostro corpo e di dissolvere le ombre esistenti.

Essa può diventare attiva solo se poniamo i nostri pensieri di guarigione completamente nella forza del Cristo. Dovremmo essere ricolmi di amore per Colui che conosce solo la salute ed è lontano da qualsiasi malattia e difficoltà.

Dovremmo bandire dai nostri pensieri e dal nostro vocabolario le parole "sono malato"; in questo modo le onde di guarigione spirituali realizzeranno quello che chiediamo con le nostre preghiere. Faranno in modo che la nostra anima e il nostro organismo raggiungano una vibrazione più elevata, nella quale può compiersi la guarigione della nostra anima per mezzo del Medico e Guaritore Interiore. Se è bene per la nostra anima, attraverso di essa la guarigione si manifesterà anche nel nostro corpo.

Tuttavia, il Medico e Guaritore Interiore, il Cristo, al Quale ci rivolgiamo, è il Guaritore della nostra anima. Se l'anima è sana, trasmette le forze guaritrici e positive anche al nostro organismo.

Affinché lo Spirito del Cristo possa agire più intensamente in noi, dobbiamo prima di tutto impegnarci a vivere in armonia nella nostra vita quotidiana.

Rilassamento e silenzio anziché tensione, nervosismo e inquietudine

Nel silenzio si manifesta la forza e si compie la guarigione della nostra anima e del nostro corpo. Perciò, innanzitutto dobbiamo diventare silenziosi, affinché le onde spirituali di guarigione possano divenire attive.

Se dobbiamo lottare per trovare la calma interiore, dovremmo evitare di camminare avanti e indietro nella stanza, di serrare i pugni e morderci le labbra. Inviamo pensieri di calma al nostro animo; il corpo reagisce immediatamente al nostro modo di muoverci e ai pensieri che dominano il nostro animo umano in quel momento.

Al contrario, è anche vero che possiamo tranquillizzare il nostro animo umano calmando prima il corpo, inviando dentro di noi pensieri positivi e armoniosi, oppure esprimendo parole armoniose e positive nel nostro interiore. Anche un certo portamento del corpo può favorire un determinato atteggiamento spirituale. Quando siamo nervosi, sediamoci con il busto ben diritto, poniamo i dorsi delle mani sulle cosce, respiriamo coscientemente e tranquillamente, e con calma rivolgiamo alcune parole nel nostro interiore. Questi piccoli esercizi ci aiutano a tranquillizzare e preparare il corpo. La forza guaritrice può agire in noi e su di noi solo quando le nostre sensazioni, i pensieri e i movimenti sono calmi e armoniosi.

Immaginiamo il nostro animo come la superficie di un lago sferzato da una forte burrasca. Immaginiamo poi che il vento si plachi improvvisamente e le onde si acquietino, fino a quando il lago è di nuovo calmo e liscio come uno specchio. Anche in questo modo, pensando a questa similitudine, possiamo placare il nostro animo, sciogliendo tensioni e nervosismo interiore.

Dovremmo prestare particolare attenzione alla coscienza dei nostri nervi. Questo albero della vita nell'essere umano, il sistema nervoso, è determinante per la salute o per la malattia. Se siamo nervosi, i nostri nervi sono sovraffaticati oppure dipende da una causa precedente che potrebbe essere di origine karmica. In caso di tensione nervosa o irrequietudine, nonostante le nostre sensazioni e i pensieri di guarigione, la forza del Cristo non può scorrere intensamente. Infatti essa può fluire nel nostro corpo soltanto se la coscienza dei nervi è rilassata.

Perciò ogni tensione è dannosa, indipendentemente dalla sua origine, che sia provocata da pensieri negativi o da stress. Se il nostro sistema nervoso si trova in disarmonia, la forza eterna armoniosa e armonizzante non può portare aiuto, sollievo e guarigione all'essere umano secondo la Volontà divina.

Quindi, se una persona desidera rivolgersi e affidarsi totalmente alle forze dello Spirito nella propria vita, è importante sapere che questo non può avvenire dall'oggi al domani. Né l'anima né l'essere umano possono staccarsi in poco tempo da vecchie opinioni e abitudini radicate e impresse profondamente in noi.

Abbiamo bisogno di un medico?
Un buon medico abbina la terapia
medica con quella spirituale

Alcuni di coloro che iniziano a includere le forze cosmiche interiori nella loro vita si chiederanno: a cosa servono i medici, se abbiamo in noi la forza per ottenere la salute in forma assoluta?

Per la maggior parte delle persone oggi è necessario rivolgersi a un medico, dato che non tutti riescono a cambiare dall'oggi al domani e a sviluppare una fede così viva da "spostare le montagne", come disse Gesù. Riferendoci alla guarigione, significherebbe sviluppare forze tali da rendere possibile alle forze di guarigione del Cristo di assorbire ogni indisposizione dall'oggi al domani.

Quello che è decisivo è lo stato di coscienza della singola persona. Fino a quando continuiamo a identificarci con il nostro corpo, affermando così le nostre sofferenze, le tratteniamo o ne provochiamo altre. Se invece prendiamo coscienza di essere figli di Dio, faremo l'esperienza di non essere più soggetti a ogni avvenimento che accade nella dimensione temporale.

Dio è assoluto. Egli è perfetto e ha creato soltanto esseri perfetti, cioè figli perfetti.

Se siamo malati, se soffriamo a causa di pene e disgrazie, non è Dio l'origine di questi mali. Li abbiamo provocati noi stessi, comportandoci in modo sbagliato e contrario alla Legge, con le nostre sensazioni, i nostri pensieri, le nostre parole e azioni.

Se desideriamo sviluppare una fede viva che ci compenetri totalmente, non dovremmo avere dolori troppo forti. Dovremmo consultare un medico che ci aiuti anche a rinforzare la nostra fede nella forza interiore, in Cristo, e a sviluppare pensieri positivi.

Dopo aver armonizzato il nostro sistema nervoso con medicinali adeguati, in particolare con rimedi naturali, quando i nostri dolori saranno diventati più sopportabili e il nostro corpo più vitale, potremo cominciare a sviluppare le forze positive, rinforzando la fede e la fiducia nel Cristo.

Quindi, se il medico porta un aiuto dall'esterno e la persona si collega con il Cristo, sviluppando le forze positive affinché possano scorrere dall'interiore, in noi potrà compiersi quello che è conforme alla Legge. Il paziente non contrasterà più l'aiuto del medico, chiedendosi con timore se riuscirà ad aiutarlo, se le medicine serviranno o se la malattia potrà guarire oppure no. Il medico e il paziente collaborano per ottenere la salute e la stabilità del corpo.

Se il paziente è orientato in modo positivo, trasmetterà questo effetto di guarigione anche alle medicine, e si aprirà così per ricevere le forze positive.

Quando saremo ampiamente in sintonia con le forze cosmiche, ne conseguirà anche la salute. Tuttavia, cosa si può fare se, in un determinato momento, deve fuoriuscire una colpa dell'anima, se la persona si ammala, perché in vite precedenti ha agito contro le Leggi del Signore e questa causa manifesta soltanto ora il suo effetto? Dove si può trovare un medico esperto che sappia collegare la terapia medica con quella spirituale?

Dovremmo sempre rivolgerci prima di tutto a Colui che conosce ogni cosa, anche quando, per esempio, dobbiamo decidere di recarci da un medico o in ospedale. Chi prega sinceramente e medita spesso per diventare silenzioso ed essere guidato riceverà di conseguenza.

Proprio mentre cerchiamo di entrare nel silenzio, durante la preghiera o la meditazione, possono affiorare in noi pensieri che ci aiutano e ci indicano il passo successivo da compiere, e che spesso sono decisivi per l'ulteriore decorso della malattia. Quale aiuto potremmo ricevere se ne facessimo buon uso!

Non appena avvertono un disturbo molte persone si rivolgono subito al medico per sapere se qualche organo, il cuore, lo stomaco o i polmoni, non è a posto. Questo dimostra che l'essere umano non è ancora in grado di attivare le forze guaritrici latenti in lui. Il timore di essere ammalati spesso trascina molte persone nella malattia. Non appena il paziente apprende dal medico che i polmoni oppure il fegato non sono a posto, inizia a preoccuparsi, con il risultato che le condizioni dei polmoni o del fegato peggiorano ulteriormente perché, a causa di un modo sbagliato di pensare, con preoccupazioni e paure, questi gruppi di cellule vengono portati a un livello di vibrazione più basso.

La vita dei nostri pensieri e la coscienza della persona hanno un influsso enorme sull'organismo. Chi intende sottoporsi a un consulto e alle cure del medico dovrebbe prepararsi spiritualmente con la preghiera e la meditazione.

Tuttavia sarebbe assurdo recarsi dal medico solo per poi preoccuparsi di eventuali parti del corpo indebolite. Molti buoni medici conoscono la forza dei pensieri. Sanno che in molti casi i pazienti si scoraggiano non appena vengono a sapere di quale malattia soffrono. Perfino la persona più forte in genere si scoraggia quando apprende di essere ammalata di cancro. Per questo il medico dovrebbe essere molto cauto nelle sue affermazioni riguardo la diagnosi e cercare di risvegliare speranza nella persona; non solo la fiducia nell'efficacia delle "sue" medicine e apparecchiature, ma anche speranza nella forza insita nella persona, speranza nel sistema di autoguarigione di ogni corpo fisico.

Se abbiamo abbastanza fiducia in Dio non è necessario conoscere il nome della malattia. Spesso ci inquietiamo maggiormente proprio quando apprendiamo nei dettagli quali sono i nostri disturbi fisici. L'agitazione e le preoccupazioni peggiorano le nostre condizioni, e le paure di qualcosa di ben preciso ci legano alla malattia.

Chi riesce ad affidarsi con fiducia nelle mani di Dio e di un buon medico o naturopata, senza voler sapere per forza di quale malattia soffre, ottiene la più grande benedizione per la sua anima.

*È possibile guarire per mezzo
dello Spirito senza medicinali
o rimedi a base di erbe*

La guarigione senza medicinali e rimedi a base di erbe è possibile per mezzo dello Spirito divino.

Chi si apre alla forza che agisce in ogni cosa, che è anche la forza guaritrice, può esserne irradiato sempre più intensamente e potrà rinunciare poco alla volta all'assunzione di ogni tipo di medicinale e rimedio.

Poiché questo sviluppo non avviene da un giorno all'altro, una persona non può fare a meno dall'oggi al domani delle medicine alle quali è eventualmente già abituata da molto tempo.

Possiamo comunque sostituire poco alla volta i prodotti farmaceutici con quelli naturali. Nel farlo, è bene adattare lentamente l'organismo ai nuovi prodotti e questo cambiamento dovrebbe comunque essere seguito da un medico o naturopata. Anche in questo caso l'orientamento dei nostri pensieri e il nostro atteggiamento interiore hanno un ruolo decisivo.

Dovremmo inviare al nostro corpo onde di pensieri positivi, che sviluppano e rinforzano la luce interiore che agisce in noi, la Luce del Cristo, per farla risplendere. Quindi, il passaggio dalle medicine allopatiche a quelle naturali dovrebbe avvenire di pari passo al nostro modo di pensare positivo.

Non tutti riescono a cambiare in modo completamente positivo da un giorno all'altro. Quando abbandoniamo i pensieri negativi, pessimistici e carichi di dubbi per fare posto a pensieri positivi, edificanti e affermativi, sperimentiamo alti e bassi più o meno grandi, come nel caso di una malattia che presenta ogni giorno sintomi e valori diversi o nel caso del passaggio dall'allopatia alla medicina naturale.

Dovremmo renderci conto continuamente che tutto si basa sulla vibrazione. Noi siamo o diventeremo come sono i nostri pensieri. Quando riflettiamo su determinate cose le irradiamo e rinforziamo, oppure ci avveleniamo con i nostri pensieri negativi, pieni di odio o di dubbi, con la nostra rabbia e il nostro rifiuto.

Questi aspetti negativi possono anche bloccare completamente l'effetto delle medicine, facendo peggiorare la malattia. Pertanto, con i nostri pensieri possiamo influenzare le medicine che prendiamo, sia quelle chimiche sia in modo particolare i prodotti naturali.

Chi si libera da sentimenti negativi con la preghiera e la meditazione cristica, o impegnandosi a contrapporre pensieri positivi a quelli negativi, si libera poco alla volta dai suoi sentimenti e pensieri negativi e si avvicina all'armonia universale. In questo modo libera sempre più energia divina che porta la medicina nella giusta vibrazione, in modo che possa avere un'azione di lenimento e guarigione.

Un medicinale non è, come molti credono, una sostanza che provoca solo una certa reazione, per esempio chimica. È piuttosto un complesso di pensieri che produce molteplici effetti, dato che porta in sé vibrazioni diverse in base alla coscienza di chi lo ha sviluppato, del produttore, del medico che lo prescrive e infine del paziente al quale viene somministrato. Ognuna di queste vibrazioni si ripercuote sul farmaco e produce un effetto sul nostro corpo, che reagisce di conseguenza. Se, per esempio, prendiamo medicinali omeopatici con potenze elevate, dobbiamo tenere presente che vengono potenziati anche tutti i pensieri, e quindi tutti i diversi livelli di coscienza che hanno avuto un ruolo nella produzione, nella vendita e nella somministrazione al paziente. È noto che le potenze elevate agiscono anche sul nostro corpo spirituale, l'anima. Questo significa che, se nell'anima ci sono analoghi complessi di vibrazioni, quindi rispondenze, essa assorbe tutti questi influssi di coscienza potenziati, ovvero rinforzati, e ne viene influenzata.

Per questo motivo si consiglia di irradiare i medicinali con la nostra coscienza preparata, in modo che possano agire sull'organo corrispondente. Dobbiamo pertanto riconoscere che l'efficacia di ogni sostanza è relativa. Ne consegue che, in molti casi, è possibile che il medicinale diventi efficace solo se il paziente gli rivolge pensieri affermativi e ha fiducia nel suo effetto. Chi desidera inviare al medicinale vibrazioni che favoriscano la giusta efficacia secondo la Legge dovrebbe prima cambiare il mondo delle sue sensazioni e dei suoi pensieri, orientandosi in modo positivo. Tutti i medicinali, siano chimici o naturali, possono essere influenzati dal paziente in modo positivo o negativo.

Quando dobbiamo assumere un medicinale, dovremmo affidarlo a Dio con tutto il complesso di vibrazioni ad esso collegato, pregandoLo di pervaderlo affinché abbia l'effetto desiderato, senza effetti collaterali. Dobbiamo però modificare anche il nostro atteggiamento nei pensieri, dando un'impronta positiva alla nostra vita.

Se cambiamo il nostro atteggiamento interiore, anche il medicinale potrà avere un effetto positivo. Se conduciamo una vita pura, l'Eterno, al Quale tutto è possibile – attraverso di noi, grazie al nostro orientamento positivo – può neutralizzare le sostanze dannose e trasmettere alla coscienza dell'organo ammalato le frequenze necessarie tramite il medicinale. Questo avviene in base al nostro modo di vivere e di pensare: nella misura in cui noi cambiamo, si trasforma anche la frequenza dell'anima e del corpo.

L'effetto della materia, quindi del medicinale, corrisponde allo stato di coscienza dell'essere umano. Quanto più essa è orientata sul mondo materiale, tanti più medicinali saranno necessari per guarire le malattie. Se invece la nostra coscienza si è risvegliata nella verità, allora la verità, lo Spirito, agirà in noi e ci guarirà. Questo non vuol dire che dobbiamo rinunciare completamente ai rimedi naturali per sostenere il nostro corpo, specialmente nel caso di un grave indebolimento del sistema nervoso.

La paura attira le catastrofi –
Le radiazioni atomiche aumenteranno

Ma com'è la situazione attuale del mondo? Finora abbiamo parlato dell'assunzione dei medicinali. Se osserviamo quello che avviene nel mondo, gli esperimenti atomici e gli incidenti nei reattori, il riarmo nucleare e l'accumularsi di scorie atomiche, dobbiamo riconoscere che, con il passare del tempo, la radioattività aumenterà sempre di più. Non soltanto gli incidenti nelle centrali nucleari liberano radioattività, ma dobbiamo tenere presente che anche le centrali nucleari più "sicure" emettono continuamente radioattività. Anche le armi nucleari e le scorie atomiche sono fonti di radioattività. Per cui non sono solo gli esperimenti nucleari a sprigionare radioattività.

Sappiamo che nessuna energia va perduta e questo vale anche per la radioattività sprigionata, che inoltre viene rafforzata dai nostri pensieri di paura e di impotenza, rendendola più pericolosa di quanto sia già. Il nostro timore e la preoccupazione che possano verificarsi altri incidenti nucleari attirano queste catastrofi, che poi avvengono effettivamente.

Chi può liberare le persone dai pensieri di paura per il loro corpo? Chi può liberarle dai pensieri di paura e preoccupazione che avvengano altre catastrofi e si verifichino altri incidenti provocati dai reattori nucleari? Le persone trasmettono i loro pensieri. Dato che i pensieri sono forze, logicamente essi causano proprio quello che le persone non desiderano, che temono e di cui, proprio perché ne hanno paura, continuano a parlare. Infatti l'essere umano riflette su questi pericoli, ne parla e poco alla volta assume un atteggiamento in cui si aspetta che accada quello che teme. In questo modo libera energie che raggiungono la loro meta in punti cruciali, dove lavorano provocando gradualmente quello che gli incute paura. Egli non desidera tutto questo, ma allo stesso tempo lo "risveglia" con i suoi pensieri e le sue parole. Rivolgendosi verso il negativo, mette in dubbio il positivo. Invia i suoi pensieri verso le fonti di pericolo, contribuendo così a far succedere quello che era previsto solo come eventualità e che ora si manifesta come effetto, perché i suoi pensieri agiscono proprio nel punto che considera una fonte di pericolo, come per esempio centrali nucleari, depositi di armi, discariche di rifiuti o interventi a favore dell'impiego dell'energia nucleare.

L'essere umano raccoglie quello che semina in pensieri, parole e opere. Raccoglie quindi in diversi modi le radiazioni atomiche pericolose che si sprigionano in seguito a incidenti, fughe di radiazioni, esperimenti o guerre nucleari.

La radioattività è un veleno invisibile e insidioso, è la morte invisibile che altera l'atmosfera squarciandola in diversi punti. La radiazione atomica è la morte invisibile e lenta per il mondo degli animali. Essa inquina la Terra insieme alle piante, le erbe e i fiori. Avvelena gli esseri umani, facendoli eventualmente soffrire a lungo.

L'essere umano vive dei prodotti della Terra. Se questa è contaminata, se ogni pianta, ogni erba, ogni frutto sono diventati una fonte di radiazione negativa, di cosa si potrà nutrire? Può mangiare quello che la natura gli offre e contaminarsi sempre di più con la radioattività oppure morire di fame. La stessa cosa vale per l'acqua potabile, per le sorgenti sotterranee e per i mari.

Cosa si può fare ancora? Dove si può trovare la salvezza? Dov'è la guarigione?

L'essere umano dovrà sperimentare e vivere cosa significhi non potersi più cibare di nulla che non abbia un'irradiazione negativa. Prima o poi si rassegnerà al fatto che, per via delle molteplici cause poste, anche lo strato ozonico nell'atmosfera si squarcerà, le malattie della pelle e le scottature aumenteranno e il cosiddetto cancro della pelle sarà sempre più frequente.

L'odierna generazione umana regredirà. Al suo posto vivranno persone con un'irradiazione diversa. Sarà la generazione umana cosmica che avrà un'irradiazione più elevata di quella di questa Terra e degli esseri umani che la popolano oggi. La metamorfosi avverrà impercettibilmente. La persona cosmica avrà un'irradiazione più fine e più pura. Queste persone saranno in grado di sopravvivere in molte situazioni, poiché la loro vibrazione sarà più elevata di quella dell'attuale essere umano materiale.

Dalle macerie dei pensieri, delle aspirazioni e delle azioni umane nasce l'essere umano nuovo, la nuova vita, come la fenice nacque dalle ceneri. È la nuova umanità per la Nuova Era. Persone con un'irradiazione più fine e più pura, persone orientate in modo cosmico, che applicano le Leggi cosmiche – valide in tutta la natura, in ogni animale, in ogni pietra e in tutti gli astri –

possiederanno la nuova Terra che sarà purificata.

Le Leggi cosmiche sono la vita in ogni anima e in ogni essere umano. È la Legge universale eterna che gli esseri umani cosmici applicano in modo retto.

Come dalla cenere, dal crollo dell'umanità, nascerà la persona cosmica, di pari passo, quasi parallelamente, cambierà anche tutta la vegetazione. L'atmosfera diventerà sempre più rarefatta. Soprattutto lo strato ozonico, che protegge la Terra dai raggi ultravioletti, diventerà sempre più sottile. Di conseguenza molte cose bruceranno. I poli e i mari si surriscalderanno. Le condizioni climatiche cambieranno; pertanto la struttura del nostro intero pianeta cambierà. Col passare del tempo, questo comporterà grandi trasformazioni nella natura, nel regno animale e nell'essere umano, e questo significa che trasformandosi l'irradiazione si trasforma anche la vita.

Coloro che sono orientati sulla materia periranno in seguito a malattie, scottature, lesioni dovute alle radiazioni e tanto altro. Anche I regni della natura contaminati subiranno lo stesso processo.

Da questa morte verrà alla luce una vita più bella, più pura e più rigogliosa. Un'irradiazione più elevata prenderà il posto di quella bassa e negativa. Chi si trova in un'irradiazione più elevata sarà in grado di superare molte cose ed eventualmente addirittura di sopravvivere, passando tuttavia attraverso grandi sconvolgimenti che affliggeranno tutta la Terra, l'atmosfera e l'odierna generazione umana.

Dov'è la salvezza? Dov'è il Salvatore?

La salvezza è insita in ognuno. È lo Spirito di Dio, l'irradiazione sublime. Il Salvatore è quindi lo Spirito del nostro eterno Padre che dimora in ogni anima e in ogni persona, nella pietra, nella natura e in ogni animale.

Dato che una vibrazione elevata può influire su una meno elevata, ma non può avvenire l'inverso, e pertanto una vibrazione di basso livello non può toccare o influenzare una vibrazione più elevata, possiamo dedurne quello che dovremmo fare. Con questo intendo dire che la vibrazione umana – quindi tutto quello che gli esseri umani hanno inviato e continuano a inviare, determinando il cammino che dobbiamo seguire e la nostra distruzione – è una vibrazione negativa. Questa vibrazione non potrà mai raggiungere la vibrazione divina e "contagiarla" con tutti i suoi complessi negativi. Con il tempo le forze negative si autodistruggeranno, poiché lo Spirito divino, l'irradiazione elevata, irradia anche in ogni vibrazione negativa solo la parte positiva. Com'è noto, una vibrazione può sussistere solo quando ci sono due poli attivi, quando esiste un'interazione tra il polo negativo e quello positivo. Dio, l'irradiazione elevata, irradia solo il positivo, ovvero quella parte nella vibrazione che mantiene l'interscambio tra i due poli, positivo e negativo. È l'irradiazione divina per le forme di vita materiali. Se la loro vibrazione scende e continuano ad affluirvi le forze positive, l'irradiazione ad alto livello, l'energia più elevata, Dio, nella materia ci saranno tensioni sempre più forti. La parte umana, le negatività, i lati egocentrici, si allontanano dall'irradiazione elevata, poiché non possono e non vogliono comunicare con le forze elevate. Di conseguenza, deve avvenire necessariamente una scissione e, con il passare del tempo, una trasformazione.

Se gli esseri umani producono sempre più energia negativa con le loro azioni, cioè forza negativa riferita alla vita materiale che agisce anche come fattore di disturbo e di distruzione su tutte le forme di vita materiali, la tensione nella materia si rafforzerà in modo crescente e non riuscirà più a entrare in contatto con l'irradiazione più elevata. Questo vuol dire che, con il passare del tempo, avverrà un'espansione in senso negativo e in seguito un'esplosione, che si manifesterà sotto forma di un'enorme eruzione. Questo comporterà "spostamenti di masse di terra" che provocheranno un cambiamento totale nella Terra e sulla Terra.

Per essere in grado di reagire a questi eventi, tutti gli esseri umani devono cambiare. Poco alla volta, ogni persona deve adeguarsi alla vibrazione elevata, a Dio. Ognuno deve avvicinarsi lui stesso all'irradiazione divina e non può aspettarsi che Dio trasformi la Sua energia a un livello inferiore, avvicinandosi quindi a lui con la Sua vibrazione elevata. Questo significa che ogni persona deve cambiare completamente il suo modo di pensare e di conseguenza anche le sue azioni.

Ognuno deve riconoscere la propria responsabilità e iniziare da se stesso

Chi desidera vivere in modo sano, deve vedere e sperimentare Dio in ogni cosa. Deve mettere in pratica le Leggi cosmiche dell'amore altruistico, della pace e dell'armonia. Deve vedere la parte pura, bella, buona e nobile in ogni forma di vita e soprattutto rispettare ogni creatura. Non deve limitarsi a parlare della vita e di Dio, dicendo che si dovrebbe fare l'una o l'altra cosa per migliorare il mondo; ognuno è chiamato a iniziare da se stesso.

Se una persona impara a cambiare il proprio modo di pensare, vivendo e pensando secondo la Legge, eleverà la propria irradiazione. Cambierà la sua vita orientandola sul Divino. Non avrà più pensieri negativi e distruttivi e non agirà più in questo senso, ma vivrà in pace con il prossimo, con la Terra e con i regni della natura.

La pace può nascere solo dalla persona stessa, da ogni individuo, se si sforza di pensare e vivere in modo altruistico e di rispettare la vita.

Ogni persona determina non solo la propria vita e quella dei suoi simili, ma influisce anche sulla Terra e su tutto quanto essa produce. Perciò ognuno è responsabile per se stesso, per il suo modo di pensare e di agire e, oltre a questo, per tutte le persone, per il pianeta Terra e la sua atmosfera.

Questo significa che non sono il prossimo, la chiesa o lo stato a dover cambiare. Ogni singola persona deve cambiare. Solo in questo modo irradierà forze positive ed edificanti e, insieme con altri dagli stessi ideali, avrà un influsso positivo sui suoi simili che si trovano ancora nell'ombra di un modo di pensare materialistico. Così facendo agisce anche sulla Terra di cui è parte.

Gesù disse: "Quello che fai al più piccolo dei Miei fratelli, lo fai a Me".

Dio è tutto nel tutto. Quello che infliggiamo al nostro prossimo, e anche ai regni della natura, ricade su di noi.

Se vogliamo che la vibrazione della struttura della nostra anima e del nostro corpo si elevi, dobbiamo fare in modo di elevarci noi stessi, cambiando il nostro stato d'animo. Se le nostre sensazioni, i nostri pensieri, le nostre parole e azioni sono positivi, se iniziamo a condurre una vita altruistica, a rispettare il prossimo, ad amarlo, a fargli del bene, a rispettare la vita della Terra e i regni della natura, la nostra vibrazione diventerà più fine e si eleverà con l'aiuto della forza del Cristo.

*La salvezza è la massima irradiazione,
Dio in noi – La nostra coscienza
sviluppata ci guiderà*

La forza divina, l'irradiazione più fine, viene irradiata sempre più intensamente verso di noi. Essa eleverà la nostra anima, rafforzerà le nostre cellule, gli organi, i muscoli, le ghiandole e gli ormoni, e porterà l'intero organismo in un'irradiazione più elevata. Se siamo compenetrati e guidati da forze sempre più elevate, ci distanziamo sempre di più dalle vibrazioni basse e negative.

La nostra irradiazione positiva ed elevata, sia dell'anima sia del corpo, a sua volta agirà in modo positivo anche sui rimedi naturali e sui medicinali. Così ci sarà possibile proteggerci anche da numerosi pericoli che affliggeranno tante persone e la Terra stessa.

In questo modo sorgerà la nuova umanità. Dal negativo sorge il positivo. Dalla generazione basata sulla caducità e sulla materia sorge la generazione spirituale di persone consapevoli di Dio.

Il Salvatore in ogni difficoltà o pericolo è l'irradiazione suprema: Dio in noi.

Pertanto in futuro si dirà: se desideri sfuggire ai più grandi pericoli, se vuoi guarire tramite lo Spirito e liberarti da paure e costrizioni, le parole chiave che ti porteranno aiuto saranno: più vicino a Te, mio Dio!

Se desideriamo avvicinarci a Dio, iniziamo subito a farlo! Facciamo vibrare attraverso il nostro interiore onde di gratitudine verso Dio e di benevolenza verso ogni persona.

Invece di lamentarci della nostra malattia, proviamo a sviluppare sentimenti di ringraziamento per Dio e di benevolenza verso i nostri simili. Attraverso il ringraziamento e la benevolenza le tensioni dell'anima scompaiono e aumenta anche la resistenza fisica, poiché le vibrazioni elevate ci pervadono più intensamente.

Dovremmo perciò impegnarci a elevare la nostra coscienza su un livello spirituale più elevato, verso l'irradiazione fine ed elevata di Dio, conducendo una vita pura, con la preghiera e la meditazione, con pensieri e azioni positivi. Così facendo, anche nell'esteriore il quadro clinico delle malattie cambierà e porteremo luce nella vita povera di luce di molte persone.

Se viviamo nell'autocontrollo e nella realizzazione e la nostra coscienza si sviluppa correttamente, verremo, per esempio, guidati da un medico che ci curerà nel modo giusto. In un altro caso ci verrà indicata la via per guarire senza l'intervento di un medico. Una coscienza ampiamente sviluppata può anche guidarci affinché evitiamo una zona di pericolo in cui si profila una grande sciagura. Oppure la coscienza ampliata, nella quale agisce sempre di più la forza eterna del Cristo, ci porta a modificare preparativi e programmi per preservare noi o altri da eventuali danni.

Se la nostra coscienza vibra nella coscienza divina, nell'irradiazione più fine, Dio può guidarci in base alle Sue Leggi. La coscienza elevata sarà, quindi, la guida della nostra vita in tutte le cose, in quelle piccole come nelle grandi.

Se, per esempio, avremo davanti a noi diversi tipi di cibo, non sceglieremo quello non adatto alla nostra costituzione o che eventualmente contiene sostanze dannose, cioè tossiche.

Dipende, quindi, esclusivamente da noi, dalle nostre sensazioni, pensieri e azioni. Dobbiamo portare il nostro vero Sé in sintonia con tutto l'Universo. Verremo così guidati dalla forza di Dio, dalla forza del Cristo. Otterremo salute e benessere e raggiungeremo la fine irradiazione di Dio che ci protegge.

Siamo figli di Dio –
Abbiamo in noi la fonte di forza e salute –
Dobbiamo eliminare i pensieri negativi
dalla nostra coscienza

Dai nostri pensieri devono scomparire le immagini di malattie, problemi, paure, preoccupazioni e afflizioni. Dovremmo impegnarci con tutte le nostre forze a non considerare più questi aspetti umani, come per esempio la malattia, come qualcosa che deve essere guarito. Immaginiamo, invece, con i nostri pensieri e la nostra fede che le malattie e gli altri mali non esistano! Invece di fissarci su malattie, preoccupazioni, difficoltà, problemi e altre cose simili, affermiamo la salute, la gioia, l'armonia, la contentezza e la felicità!

Ogni tanto dovremmo prenderci del tempo per meditare sulla forza divina perfetta, sulla fine irradiazione, sulla realtà nascosta dalle ombre delle malattie, dolori e preoccupazioni, senza considerare l'aspetto esteriore o l'apparente

gravità di una malattia o di un'infezione. In
questo modo entreremo in un campo di vibrazione più elevato, in un'irradiazione più sottile, e le nostre condizioni di salute cambieranno
grazie a questo campo di vibrazioni.

In base al proprio vero essere, ognuno di noi
porta in sé la vita divina ed è un figlio, una figlia dell'Altissimo. Siamo di origine divina. La
pienezza del nostro vero essere è salute, pace e
felicità.

Meditiamo sulle parole: "Siamo figli e figlie
di Dio, che possiedono l'intera pienezza dell'Infinito, la salute, la pace e la felicità".

Rivolgiamoci quindi a Dio, che è la forza
eterna e la pienezza. Non dovremmo parlare
delle nostre malattie e delle nostre disgrazie.
Non dovremmo lamentarci e pensare a quale
medicina potremmo provare a prendere oggi.
Infatti, in base all'atteggiamento che abbiamo
nei confronti delle malattie e delle loro cause,
contribuiamo a originare nuovi sintomi e nuovi
germi patogeni.

Dobbiamo rifiutarci di fare anche soltanto entrare queste immagini negative nella nostra coscienza. Non appena avremo eliminato questi "errori", potrà venire alla luce lo stato perfetto della realtà, dato che siamo in possesso del vero Sé. Siamo figli di Dio ogni attimo. Dobbiamo liberarci da ogni contrarietà ancora esistente, affinché la forza vitale possa diventare attiva.

Nella nostra vita non deve esistere nemmeno l'odio. Il nostro prossimo dovrebbe essere per noi un amico e fratello. Se eliminiamo ogni stato d'animo che porta inquietudine, raggiungiamo la pace che guarisce l'anima e l'essere umano.

Come i corpi materiali cadono poiché sono soggetti alla forza di gravità, così anche nel campo dei pensieri esiste la legge della forza di attrazione.

Rendiamoci conto che la malattia non è altro che la manifestazione dei nostri pensieri! Quello che attiriamo con i nostri pensieri ricade dentro di noi, perché in noi ci sono aspetti simili o uguali. Infatti il simile attira il simile.

Cos'è in realtà la malattia? Possiamo paragonarla alle nuvole. Il vapore acqueo sale dalla superficie della Terra e si raddensa, formando delle nuvole che oscurano la vista del Sole.

Analogamente, le cause affiorano dall'anima dell'essere umano sotto forma di effetti e si manifestano in noi sotto forma di malattia. Contraggono il sistema nervoso e, come conseguenza, si riduce la forza spirituale che aiuta, guarisce ed edifica.

Riconosciamo dunque che per quanto il sole spirituale, lo Spirito eterno, possa essere nascosto a noi dalle nuvole, il sole stesso, lo Spirito, non ne viene toccato! Le nuvole formano un involucro che avvolge l'anima, un velo, ma lo Spirito stesso non ne viene toccato.

La malattia deriva da un modo di pensare errato.

Quello che pensiamo assume forma, poiché ogni pensiero è energia. La somma dei nostri pensieri che prendono forma agisce sull'anima e sul corpo.

Se abbiamo paura di una malattia, la affermiamo. Parlando della malattia la affermiamo e creiamo così un complesso di pensieri definito malattia.

Se siamo consapevoli che nessuna energia va perduta e, a causa della nostra paura e parlando di malattie, emettiamo energie riferite alla malattia, attiriamo di nuovo proprio quello che inviamo, che esercita poi il suo influsso su di noi. Così facendo incolpiamo la nostra anima e il nostro corpo e ci ammaliamo.

Pertanto possiamo dire che le nostre malattie sono pensieri manifestati: i nostri pensieri e non quelli del nostro prossimo.

Se temiamo i virus e i batteri nocivi li attiriamo. Se abbiamo paura di quello che possono provocare, essi esercitano il loro influsso su di noi e provocano nel nostro corpo quello che temiamo e cose simili.

Quello che temiamo diventa realtà in noi.

Le paure e le preoccupazioni sono segno di scarsa fiducia in Dio. Se non abbiamo fiducia in Dio significa che in noi scorre poca forza spirituale. Se rafforziamo le nostre paure e le nostre preoccupazioni affermandole, la forza spirituale si riduce sempre di più e di conseguenza abbiamo poca energia. Questo comporta che abbiamo una carenza di energia o che ne perdiamo sempre di più, in base a quanto ci tormentiamo con le nostre preoccupazioni e malattie, continuando a pensarci.

Impoverirsi di energia spirituale porta a un indebolimento dell'anima e del corpo. Di conseguenza, quello che temiamo esercita il suo influsso su di noi.

Ci contagiamo con i nostri stessi pensieri di paura, di preoccupazione, con i nostri pensieri riferiti a malattie o disgrazie. Se temiamo i virus e i batteri patogeni, li attiriamo e possiamo venirne contagiati.

La malattia è il risultato di un modo di pensare sbagliato.

Prima o poi comprenderemo e impareremo che siamo figli di Dio, esseri cosmici. Dio ha creato il nostro essere interiore, il nostro corpo spirituale, assolutamente puro e libero.

Dio non conosce malattie. Egli è assoluto.

Dato che siamo scaturiti da Lui quali esseri puri, in Dio siamo esseri assoluti e quindi puri, liberi e pertanto perfetti.

Se ci allontaniamo dall'assolutezza, dalla Legge assoluta dell'Amore e dell'armonia, segniamo in modo corrispondente la nostra vita. Noi tutti ci siamo distaccati e ci distacchiamo dalla Legge divina con il nostro modo di pensare e di agire sbagliato. I nostri schemi di pensiero errati agiscono su di noi, ci danno l'impronta e ci segnano. Questo significa che noi stessi diventiamo il nostro schema di pensiero, che può essere costituito da timori e preoccupazioni di ogni tipo. La paura di una malattia dà origine ai suoi sintomi, prima intorno a noi e poi dentro di noi. Questo accade perché ci siamo allontanati dall'assolutezza a causa di un modo di pensare sbagliato.

Nello Spirito non esistono malattie, quindi devono essere state create da noi, e il loro manifestarsi è un'immagine errata che corrisponde al nostro essere; si tratta di un complesso di pensieri che si è manifestato nel nostro corpo e agisce nella misura in cui glielo permettiamo, coltivando continuamente pensieri riferiti alla malattia e con la nostra paura.

*Elevando la nostra coscienza
e collegandoci con il nucleo centrale
dell'anima, possiamo raggiungere
la guarigione tramite lo Spirito di Dio –
Programmazione positiva della famiglia*

Non possiamo guarire da malattie gravi solo con i pensieri positivi. Tuttavia, se li inviamo come pensieri nel nostro interiore e li immettiamo in parole nelle nostre cellule e nei nostri organi, essi preparano il nostro corpo alle onde di guarigione dello Spirito. Le nostre sensazioni e i nostri sentimenti dovrebbero a loro volta affermare i nostri pensieri. In altre parole, i pensieri, le sensazioni e i sentimenti dovrebbero essere in unità.

Il nostro essere puro, il nucleo centrale dell'anima, non è in unità con la malattia. Dovremmo ampliare ed elevare la nostra coscienza con pensieri positivi che affermano la salute, affinché possa comunicare più intensamente con il nucleo centrale dell'anima, con lo Spirito assoluto. In questo modo la corrente dello Spirito potrà scorrere più intensamente e apportare la salvezza dell'anima e la guarigione del corpo.

Lo Spirito divino in noi può così dissolvere la malattia, facendola scomparire, come fa il sole con le nuvole. Tuttavia siamo noi a dover fare il primo passo, ampliando ed elevando la nostra coscienza per entrare in una comunicazione più intensa con il nucleo centrale, con il Divino in noi.

Per ottenere la forza per la guarigione interiore, spesso l'essere umano ricorre alla preghiera, alla meditazione, a un modo di pensare positivo e sceglie un'alimentazione adeguata, cercando di entrare nel suo interiore, dove scorre la fonte della vita. Eppure non riesce a entrare completamente nella sfera di vibrazione in cui può ricevere la guarigione tramite lo Spirito di Dio. Se ci sentiamo abbastanza in armonia, se i nostri pensieri sono prevalentemente positivi e, nonostante tutto, sentiamo che non ci eleviamo con la nostra coscienza, dovremmo guardare dentro di noi.

Dovremmo anche osservare la nostra famiglia, chiedendoci se ci siano contrasti, litigi, discordia, odio o altre disarmonie. Questi fattori di disturbo possono ripercuotersi su chi cerca di interiorizzarsi, impedendogli di entrare in armonia, per collegarsi più intensamente con il Medico e Guaritore interiore. Se nella famiglia non regna l'armonia è bene che la persona malata si impegni a portarvela.

In questo caso possiamo aiutarci con frasi facili da ricordare come sostegni di coscienza. Per esempio: "La mia famiglia è formata da figli di Dio", "Nella mia famiglia di figli di Dio possono regnare solo perfezione e armonia", "La coscienza di ognuno di noi è ricolma di pace e amore". Se ci programmiamo con questi pensieri e li inviamo come onde di pensiero positivo alla famiglia, molte situazioni potranno cambiare, sempre in base al livello di coscienza di ogni persona e a quanto sia vicina a Dio o ancora lontana dall'Eterno.

I pensieri sono forze, sia quelli positivi sia quelli negativi!

Siamo dunque pazienti e comprensivi, e confidiamo che si verifichi un cambiamento anche all'interno della famiglia! Consideriamo il prossimo come una parte di noi stessi! Così ci sarà possibile avere comprensione ed essere tolleranti, donando l'amore che risana molte ferite dell'anima.

Dovremmo diventare consapevoli di quanto segue e programmarci in modo corrispondente: Dio, nostro Signore, non ha creato alcuna malattia. Pertanto nella Sua realtà non esistono malattie. Per questo motivo non dovremmo mai pensare di essere malati. Mettiamo da parte la sensazione di essere malati e pensiamo invece di essere sani! Così facendo la coscienza delle nostre cellule si risveglia, donandoci forza in abbondanza e anche pace.

Chi prega per ricevere le forze di guarigione dovrebbe orientare i suoi pensieri sulle forze di guarigione, sulla verità, e rendersi conto di essere un figlio, una figlia di Dio e, di conseguenza, una realtà spirituale.

Se oltrepassiamo le fitte nubi dell'apparenza esteriore e comprendiamo la nostra natura spirituale, possiamo affermare con convinzione: "Io sono un figlio, una figlia di Dio".

Per riuscire a pensare in modo positivo e a sviluppare pensieri di salute, non dobbiamo considerarci come esseri sotto l'aspetto fisico. Considerarci esseri umani comporta instabilità, predisposizione per le malattie e distruzione. Dovremmo, al contrario, riconoscere che siamo esseri eterni e immortali, ai quali è dato di sbocciare in Dio, loro Signore e Padre.

Per quanto critica sia la nostra situazione attuale, per quanto debole sia l'essere umano, tutto questo non è essenziale. È solo un'apparenza esteriore. L'apparenza esteriore è un'ombra e le ombre non sono la realtà.

Quello che non è reale è illusorio. L'illusione ingannevole ci fa accettare come realtà cose che non esistono. Quello che non esiste realmente è quindi inesistente.

Dobbiamo imparare a cambiare completamente il nostro modo di pensare e orientare le nostre sensazioni e i nostri pensieri sulle Leggi della vita. Giungeremo così alla verità, a Dio in Cristo, che ci rende liberi. Dovremmo distogliere i nostri pensieri dal male che ci tormenta nei pensieri o a livello fisico, e sforzarci di avere pensieri affermativi ed edificanti che favoriscano la salute. Coltiviamo pensieri di salute!

Se riconosciamo e accettiamo che Dio è la nostra vita, non potrà esistere nulla al di fuori di Lui. Permettiamo quindi che Dio diventi manifesto in noi affermando il Divino! I complessi di pensieri negativi si ritireranno e in noi ci sarà più luce, diverremo più armoniosi e gentili.

La malattia è un male. Dio non ha creato alcun male e, di conseguenza, non esiste alcun male. Anche se esiste esteriormente nella materia, non ha un'esistenza reale in Dio, nel nostro vero essere.

Per questo dovremmo affermare il nostro vero essere: Dio ha creato l'essere spirituale puro e assoluto, il corpo spirituale insito in noi con tutta la sua luce e la sua forza.

Non dovremmo quindi affermare l'esistenza della malattia, altrimenti conferiamo a questa apparenza una forza e una persistenza che non ha realmente.

L'essere umano non dovrebbe accettare quello che non esiste nello Spirito, nella vera realtà. Nella verità, nella realtà spirituale, tutto è forza. Affermiamo questa forza!

Dobbiamo quindi imparare a cambiare il nostro modo di pensare.

Solo se l'umanità, cioè ogni singola persona, impara a cambiare il proprio modo di pensare, essa potrà fiorire tramite la forza di Dio e diventare sana, felice, contenta, pacifica e armoniosa.

La guarigione spirituale, la guarigione tramite lo Spirito di Dio in noi è, quindi, un processo per liberarsi dal male che noi stessi abbiamo provocato.

Tuttavia lo Spirito, Dio, può agire più intensamente e portare a una liberazione solo se la persona stessa crea le condizioni necessarie per farlo.

Il presupposto essenziale è che si rivolga a Colui che è la vita. La persona deve cambiare il proprio modo di pensare, sostituendo i pensieri negativi, privi di una meta e assillanti con pensieri positivi, consapevoli della meta ed edificanti.

La vera preghiera racchiude in sé il compimento

L'espressione più immediata del collegamento con Dio è la preghiera. Tuttavia i pensieri che esprimiamo in preghiera hanno una forza particolare solo se nella vita quotidiana realizziamo quello che chiediamo.

Se prego per la salute, dovrei anche impegnarmi nella mia vita a coltivare pensieri di salute, e non di malattia, per prepararmi così per le onde di guarigione.

Se prego per la pace e l'armonia, dovrei impegnarmi io stesso a vedere il bene nel prossimo, affermando le sue caratteristiche positive.

Quindi non dovrei parlare di lui in modo negativo.

Quello che trasmetto ricade su di me! Se auguro al prossimo pace e armonia e lo vedo nella luce del Divino, quindi in modo positivo, quello che ho trasmesso, la pace e l'armonia, ritornano a me. Io divento quello che ho chiesto con la preghiera.

Se desidero essere amato devo impegnarmi io per primo ad amare il prossimo. Irradio quello che corrisponde al mio essere. Quello che invio ritorna a me come un'eco.

Per questo motivo dobbiamo cambiare.

La vera preghiera è sempre accompagnata da un retto modo di vivere. Essa racchiude in sé il compimento della nostra vita e ha un'enorme importanza per noi esseri umani.

Pregare nel modo giusto significa vivere nel modo giusto.

Pregare nel modo giusto significa adempiere le Leggi di Dio, perdonare il nostro prossimo, amarlo e inviare pensieri buoni, positivi e di amore anche al nostro più grande nemico.

Questa è la preghiera vissuta, che penetra nel nostro interiore, aprendo la nostra coscienza alle onde di guarigione del Cristo. Chi riesce a pregare di cuore in questo modo, chiedendo forza e aiuto a Dio, riceverà in misura corrispondente.

Se quello che chiediamo in preghiera non viene esaudito subito, la maggior parte delle persone perde la fede in Dio e si lamenta, perché le sue preghiere non sono state esaudite. Così facendo spazza via il seme che aveva deposto con fede nel terreno fertile e produttivo.

Dobbiamo renderci conto che una preghiera sincera e sentita, quindi vissuta, è già stata esaudita nel mondo della realtà.

Una preghiera vera e sincera si adempie necessariamente, perché quello che viene affermato e vissuto è già presente nel mondo interiore.

Dio, nostro Padre, è la pienezza. Egli ha posto in noi tutta la Creazione. Pertanto tutto è presente in noi.

Dovremmo prendere coscienza che il seme racchiude già in sé il raccolto, anche se l'occhio fisico ancora non lo riconosce. Se innaffiamo il seme giusto con pensieri di preghiera giusti e con forze che affermano la vita, riceveremo di conseguenza.

Una preghiera vissuta in questo modo scaturisce da una profonda fede e fiducia in Dio, nostro Signore, e in Cristo, nostro Redentore.

Se sappiamo che il nostro interiore racchiude già quello che desideriamo, dipende soltanto da noi sviluppare queste forze con un modo di pensare e di vivere positivo.

Dio possiede anche la caratteristica della pazienza. Noi ci aspettiamo che se oggi preghiamo per qualcosa, il seme insito in noi debba germogliare il giorno successivo o dopo una settimana, e che si debba vedere il raccolto. Non possiamo aspettarci che quello che chiediamo si realizzi subito davanti ai nostri occhi.

gni aspettativa verso Dio è segno di dubbio.

Non dovremmo aspettarci qualcosa, ma essere certi di avere già ricevuto nel nostro interiore! Affinché possa manifestarsi anche nell'esteriore, dovremmo sviluppare un'incrollabile fiducia che l'Amore di Dio ci è vicino, che Dio è presente. Egli ci conosce. Noi stessi non ci conosciamo quasi per nulla. Egli sa cosa è bene per noi. Noi non lo sappiamo, perché non conosciamo le colpe della nostra anima.

Tutto serve per la crescita della nostra anima. Per questo non dovremmo mai pretendere nulla da Dio, ma pregarLo. Soltanto Lui sa cosa è bene per la salvezza della nostra anima.

Esercitiamoci dunque nella pazienza, preparando il nostro corpo alle onde di guarigione. Otterremo le benedizioni più grandi solo quando saremo maturi per riceverle, vivendo secondo la Volontà di Dio. Dobbiamo quindi riconoscere che anche la sofferenza è necessaria per l'evoluzione dell'anima dell'essere umano, finché non raggiunge un certo livello più elevato.

La sofferenza può anche essere causata da una colpa ancora esistente nell'anima che fuoriesce. In questo caso non può essere cancellata completamente dallo Spirito del Cristo, dal Medico e Guaritore Interiore, ma eventualmente solo alleviata. Soltanto per chi ha raggiunto un certo livello di evoluzione non è più necessario soffrire.

Per trovare una via di uscita dalla vita piena di sofferenze, dovremmo esaminarci ogni giorno, chiedendoci:

di cosa parliamo? Parliamo spesso male degli altri? Parliamo in modo positivo degli altri? Siamo pessimisti oppure ottimisti? Parliamo di cose banali della vita quotidiana, che non sono essenziali? Parliamo di guadagni, di ricchezze o di evoluzione spirituale?

Dobbiamo riconoscere che le risposte che ci diamo sono decisive per il decorso della nostra vita e del nostro ulteriore destino.

Se ci rendiamo conto che raccoglieremo i frutti di ogni singola parola che pronunciamo, da ora in poi presteremo certamente attenzione alle nostre sensazioni, ai nostri pensieri e alle nostre parole. I pensieri e le parole positivi e amorevoli sono vere preghiere. Le parole dure e cattive non solo feriscono gli altri, ma ricadono sulla nostra vita e sulla nostra salute. Le parole amorevoli, invece, quindi le parole che placano gli animi agitati degli altri e li rendono felici, favoriscono anche la nostra salute e la felicità nella nostra vita.

Già nei testi tramandati sta scritto: "Quello che semini, lo raccoglierai". Cerchiamo quindi di porre una buona semina nel campo della nostra vita e raccoglieremo così dei buoni frutti, come per esempio salute e felicità.

Quante volte diciamo che le nostre preghiere non sono state esaudite. Da cosa dipende? Rendiamoci conto che per ogni cosa vale la legge di causa ed effetto. Alcuni credono che pregare richieda meno sforzo e impegno che non sacrificare se stessi o operare per gli altri. Una preghiera fatta di sole parole richiede sicuramente meno sforzi, ma porta ben poco nel nostro interiore. Non contribuisce nemmeno ad apportare guarigione e armonia, felicità e gioia; non è una preghiera vissuta.

Chi non dà vita alla propria preghiera, attivandola con le sue azioni colme di vita, non potrà mai ricevere. Prima o poi tutti dovremo riconoscere che solo chi ha posto un buon seme nel campo della vita farà un buon raccolto.

Tutto questo è necessario per ottenere la guarigione spirituale.

Dobbiamo liberarci poco alla volta dalle nostre sensazioni e dai nostri pensieri negativi.

Dobbiamo renderci conto ogni giorno di più di essere figli di Dio, esseri cosmici.

Dobbiamo imparare a chiedere perdono e a perdonare il nostro prossimo.

Se impariamo a fare tutto questo, passo per passo, percepiremo la libertà interiore, sentiremo di esserci staccati da ogni contrarietà che cerca di trascinarci in basso, legandoci a quello che è umano, come l'odio, l'invidia, l'inimicizia e altre cose simili. L'intenzione sincera di chiedere perdono al nostro prossimo o perdonarlo è già il primo passo, la buona volontà e la disponibilità a compierlo completamente.

Per liberarci da pensieri di odio o di ostilità e poterci colmare di amore, ritiriamoci ogni mattina e ogni sera cinque minuti in una stanza tranquilla o in un angolino silenzioso e cerchiamo di percepire, pensare o immettere le seguenti frasi nel nostro interiore: "Sono un figlio, una figlia di Dio. Che l'amore possa colmare il mio cuore! Non desidero odiare, né avere delle ostilità in me. Amo anche chi non è ben disposto verso di me".

Se riusciamo a donare sempre più amore altruistico, con il passare del tempo riceveremo sempre più amore.

Chi semina amore raccoglierà amore. Questa è una Legge dello Spirito: riceveremo quello che inviamo.

Tuttavia l'amore non deve per forza essere solo come una brezza tiepida e leggera, ma può esprimersi anche nella serietà con la quale una persona dice quello che è necessario in base alla Legge. L'amore è portare chiarimento. Se le mie sensazioni, i miei pensieri e le mie parole sono altruistici, questo è amore.

Quindi quello che inviamo ricade su di noi. Metterà radici in noi e ci affliggerà di conseguenza. Per questo motivo, se vogliamo ricevere le forze guaritrici, dovremmo vivere in modo puro e altruistico.

L'Amore è la massima potenza nel cosmo.
L'Amore è il nostro vero essere.
Che ognuno di noi possa raggiungere di nuovo questa massima forza cosmica, l'Amore, per contribuire alla crescita e all'evoluzione

dell'umanità e delle singole anime degli esseri umani.

È quello che auguro con tutto il cuore a tutti i miei simili.

Un saluto in Dio

Gabriele

La tua vita nell'aldiquà è la tua vita nell'aldilà

Un libro con spiegazioni sull'aldiquà e sull'aldilà, sulla nascita sulla Terra e sulla morte, sulla fase di vita e di morte dell'uomo. Gabriele spiega che la nostra anima è immortale e noi siamo sempre gli stessi, sia di qua che di là.

Con la morte la nostra anima non diviene né più oscura né più luminosa. La vita continua e noi rimaniamo gli stessi; le sfere dell'aldilà sono per l'anima una "realtà", così come la materia, la Terra, lo è per l'essere umano. Con le nostre sensazioni, pensieri, parole e azioni ci creiamo noi stessi il mondo in cui vivremo nell'aldilà.

Altri temi trattati: L'opportunità che ci viene offerta nella scuola di vita che è la Terra. Noi stessi ci creiamo il paradiso o l'inferno – Tutto è irradiazione. L'aura dell'essere umano indica con quali forze si trova in comunicazione – Il decesso. Il cammino seguito dall'anima nelle sfere corrispondenti dell'aldilà – La nostra anima: il microcosmo nel macrocosmo – La vita e lo sviluppo dell'anima nei mondi dell'aldilà.

130 pagg., S316ITTB, Euro 12,00. Anche come e-book

*Riconosci
e guarisci te stesso
tramite la forza
dello Spirito*

Un libro con spiegazioni dettagliate sull'origine delle malattie e su come un modo di vivere orientato su princìpi etici elevati, sulla pace e sul rispetto per ogni forma di vita può contribuire a restare sani.

Come agiscono le forze eteree nell'essere umano e come si possono attivare? Qual è l'influsso dei nostri pensieri, dei nostri sentimenti e di tutto il nostro comportamento sulla nostra salute? Che effetto hanno le erbe medicinali e anche i diversi profumi, colori e suoni? Con meditazioni ed esercizi di guarigione che aiutano a comprendere che lo Spirito divino è l'energia che nutre e mantiene in vita l'anima e il corpo fisico.

Altri temi trattati: Le forze spirituali sono anche forze di guarigione che possono agire nella persona – Uccidere gli animali e cibarsene causa una colpa dell'anima – La preghiera attiva le forze, il fanatismo è dannoso – Al sorgere del Sole agiscono forze eteriche particolari – Struttura e funzioni del corpo etereo – I sette centri coscienza e gli organi ad essi collegati, e molto altro ancora.

380 pagg., Nr. S102IT, Euro 23,00. Anche come e-book

I Dieci Comandamenti di DIO
&
Il Discorso della Montagna di Gesù di Nazareth

Sempre più persone sentono la necessità di essere libere e di vivere in pace e in unità non solo con gli uomini, ma anche con la natura e gli animali. Aspirano a valori più elevati, senza religioni, senza preti, senza dogmi e riti. La base e le indicazioni per vivere nell'unità si possono trovare nei Dieci Comandamenti di Dio e nel Discorso della Montagna di Gesù di Nazareth, spiegati per i nostri tempi dal Cristo stesso tramite Gabriele, la profetessa e messaggera di Dio.

I Dieci Comandamenti di Dio e il Discorso della Montagna di Gesù di Nazareth sono aspetti della Legge eterna del Regno di Dio; sono un'offerta che lo Spirito Libero ha fatto a noi uomini, affinché vivendo in base a essi e sviluppando così un'etica e una morale più elevate, impariamo a sviluppare sempre più l'amore per Dio e per il prossimo. Chi mette in pratica questi insegnamenti nella propria vita percepisce ben presto come la sua vita cambi, diventando pacifica e positiva, e sperimenta dentro di sé che lo Spirito Libero e onnipresente ed è anche in lui.

Pagg. 216, ed. cartonata, Nr. S182IT, Euro 18,00

Questa è la Mia parola
Alfa e Omega
Il Vangelo di Gesù

La rivelazione del Cristo
conosciuta oggi dai veri
cristiani in tutto il mondo

Chi era veramente Gesù di Nazareth? Come visse e cosa insegnò? Cosa c'è di vero in quanto ci è stato tramandato su di Lui? Che significato ha la vita di Gesù? Questa grandiosa rivelazione del Cristo va oltre il contenuto della Bibbia e dà una visione globale di ciò che avvenne in passato, del presente e di quello che accadrà in futuro.

Alcuni temi trattati: Infanzia e giovinezza di Gesù • La falsificazione degli insegnamenti di Gesù di Nazareth nei trascorsi 2000 anni • Senso e scopo della vita sulla Terra • La legge di causa ed effetto • Presupposti per la guarigione del corpo • Il Discorso della Montagna • Dio non castiga • L'insegnamento della "dannazione eterna" è uno scherno nei confronti di Dio • Gesù amava gli animali e si impegnò sempre per loro • In merito alla morte, alla reincarnazione e alla vita • Il vero significato della redenzione operata dal Cristo ... e molto altro ancora.

Edizione cartonata allegato un CD con due messaggi della Parola
Eterna, pagg. 1120, Nr. S007IT, Euro19,00
Edizione economica (senza CD),
pagg. 1120, Nr. S007TBIT, Euro 9,50

Richiedete il catalogo con tutti i libri, CD e DVD
e gli estratti gratuiti da libri su vari temi

Edizioni Gabriele – La Parola APS
Tel. 011 191 156 77
e-mail: mail@Edizioni-Gabriele.com

www.Edizioni-Gabriele.com

www.ingramcontent.com/pod-product-compliance
Lightning Source LLC
Chambersburg PA
CBHW041558160726
48006CB00042B/2153